नून मीम राशिद

उर्दू साहित्य में आधुनिकतावाद के प्रणेताओं में से एक नून मीम राशिद का पूरा नाम नज़र मुहम्मद राशिद था। उनका जन्म पंजाब के गुजराँवाला ज़िले के कोटबग्गा गाँव में 1 अगस्त, 1910 को हुआ था। लाहौर के गवर्नमेंट कॉलेज में अर्थशास्त्र में स्नातकोत्तर के बाद उन्होंने द्वितीय विश्वयुद्ध के दौरान रॉयल इंडियन आर्मी में अपनी सेवाएँ दीं। विभाजन से पहले नई दिल्ली और लखनऊ में ऑल इंडिया रेडियो में रहे। 1947 में उनका स्थानांतरण पेशावर हो गया जहाँ उन्होंने 1953 तक काम किया। बाद में वॉयस ऑफ़ अमेरिका में काम के लिए न्यूयॉर्क गए। कुछ समय ईरान में भी रहे। इसके बाद यूनाइटेड नेशंस से जुड़े और इस दौरान कई मुल्कों में काम किया।

उनकी प्रकाशित पुस्तकें हैं—'ईरान में अजनबी', 'ला-इंसान', 'गुमान का मुमकिन' और उनके निबन्धों का संग्रह 'मक़ालात' जिसे शिमा मजीद ने सम्पादित किया है।

उनकी सुप्रसिद्ध नज़्म 'ज़िन्दगी से डरते हो' फ़िल्म 'पीपली लाइव' में एक गीत के रूप में भी चर्चित हुई थी जिसे 'इंडियन ओशन' समूह ने गाया था।

9 अक्तूबर, 1975 को उनका निधन हो गया।

अमिताभ सिंह बघेल

अमिताभ सिंह बघेल साहित्य, फ़ोटोग्राफ़ी और सांस्कृतिक गतिविधियों के प्रति अपने जुनून को विभिन्न पहलों के माध्यम से जोड़ते हैं। 'लेखनी फ़ाउंडेशन' के संस्थापक और अध्यक्ष के रूप में वे रचनात्मक अभिव्यक्ति और सामुदायिक जुड़ाव को बढ़ावा देने वाली विविध साहित्यिक और सांस्कृतिक परियोजनाओं की देखरेख करते हैं। 2019 में, अमिताभ ने 'आगाज़ पोएट्री मूवमेंट' की स्थापना की, जो वैश्विक दर्शकों के लिए उर्दू कविता को समर्पित एक मंच है। कोशल लिटरेचर फ़ेस्टिवल के संस्थापक व फ़ेस्टिवल डायरेक्टर के रूप में उन्होंने 2022 से पुस्तक-प्रेमियों, लेखकों और विचारकों के समुदाय को बढ़ावा देते हुए सफलतापूर्वक एक जीवन्त साहित्यिक मंच का निर्माण किया है। वर्तमान में, अमिताभ नैनीताल लिटरेचर फ़ेस्टिवल के संस्थापक, क्यूरेटर और फ़ेस्टिवल डायरेक्टर के रूप में सक्रिय हैं।

ई-मेल : vyaghraamitabhbaghel@gmail.com

ज़िन्दगी से डरते हो

नून मीम राशिद

संकलन एवं सम्पादन
अमिताभ सिंह बघेल

राजकमल पेपरबैक्स

राजकमल पेपरबैक्स में
पहला संस्करण : 2025

राजकमल पेपरबैक्स : उत्कृष्ट साहित्य के जनसुलभ संस्करण

राजकमल प्रकाशन प्रा. लि.
1-बी, नेताजी सुभाष मार्ग, दरियागंज
नई दिल्ली-110 002
द्वारा प्रकाशित

शाखाएँ : अशोक राजपथ, साइंस कॉलेज के सामने, पटना-800 006
पहली मंजिल, दरबारी बिल्डिंग, महात्मा गांधी मार्ग, प्रयागराज-211 001
1, अनमोल सोराबजी सन्तुक लेन, धोबी तलाव, मरीन लाइंस, मुम्बई-400 002
वेबसाइट : www.rajkamalprakashan.com
ई-मेल : info@rajkamalprakashan.com

विकास कंप्यूटर एंड प्रिंटर्स
ट्रोनिका सिटी-201 102
द्वारा मुद्रित

मूल्य : ₹299

ZINDAGI SE DARTE HO
Poetry by Noon Meem Rashid
Compiled and Edited by Amitabh Singh Baghel

ISBN : 978-93-6086-810-9

बापू की याद में

[29 मार्च, 1943-17 अप्रैल, 2023]

क्रम

पेशलफ़्ज

उर्दू अदब को देवनागरी लिपि में छापने का सिलसिला कोई सौ साल से चला आ रहा है। पिछली सदी की शुरुआत में हमें मौलाना मोहम्मद हुसैन 'आज़ाद' की 'आब-ए-हयात' के हिन्दी अनुवाद जैसी कोशिशें भी नज़र आ जाती हैं, जो उर्दू शाइरों का मशहूर तज़्किरा (शाइरी और ज़िंदगी के हालात का बयान) है। इसे नागरी प्रचारिणी सभा ने छापा है। इस तरह के चन्द अपवादों को छोड़कर, ज़्यादातर उर्दू शाइरी ही हिन्दी में शाया होती रही है। आज़ादी के बाद उर्दू कहानियाँ-उपन्यास बड़े पैमाने पर हिन्दी में आए, जिनमें मंटो, राजेन्द्र सिंह बेदी, कृश्न चन्दर और इस्मत चुग़ताई का कथा-साहित्य तो अब हिन्दी रिवायत का भी उतना ही बड़ा हिस्सा बन गया है जितना उर्दू का है। लेकिन 1960 की दहाई के बाद से जिस तरह उर्दू शाइरी को हिन्दी पढ़ने वालों में मक़्लूयित हासिल करने का सिलसिला जारी हुआ वो न सिर्फ़ एक बेइन्तिहा नुमायाँ अदबी सरगर्मी थी बल्कि एक ऐसा सांस्कृतिक आन्दोलन जैसा था जिसके क्रान्तिकारी असरात इन दिनों साफ़ नज़र आ रहे हैं।

ये पॉकेट बुक्स का ज़माना था जिनमें से ख़ासतौर पर स्टार पॉकेट बुक्स और हिन्द पॉकेट बुक्स बहुत कम क़ीमत पर शाइरी और कहानियाँ-उपन्यास हिन्दी और उर्दू दोनों ज़बानों में छाप रही थीं। उर्दू बोलने, लिखने, पढ़ने वालों की तादाद अब भी अच्छी-ख़ासी थी जिनमें मुसलमानों के साथ ग़ैर-मुस्लिम भी तक़रीबन बराबर के शरीक थे, इसलिए कि आज़ादी से पहले वाली, उर्दू-हिन्दी की मुश्तरिका पीढ़ी, उम्र के मौसम-ए-ख़िज़ाँ में ही सही, मौजूद थी। यही सबब है कि उन दिनों का उर्दू का सबसे बड़ा अख़बार 'हिन्द समाचार' हुआ करता था जिसके मालिक मुसलमान नहीं थे। मगर अब उर्दू लिपि न जानने वाले नये उर्दू दोस्तों की तादाद भी बढ़ती जा रही थी जो फ़िल्मों और फ़िल्मी गीतों की कशिश की डोर

से बँधे हुए थे। इन लोगों/नौजवानों की अदबी प्यास बुझाने के लिए मसीहाई का काम प्रकाश पंडित ने किया जो अच्छे उर्दू शाइर होने के साथ ही उर्दू शाइरी को देवनागरी लिपि में प्रकाशित करने वालों में सबसे आगे थे। आज लोग तक़रीबन भूल चुके हैं लेकिन आज़ादी के बाद के दशकों के दौरान नये बनते हुए हिन्दुस्तान के सांस्कृतिक विकास और ख़ास तौर पर उर्दू-हिन्दी के समन्वय की प्रक्रिया में उनका योगदान बहुत ही क़ीमती रहा है। उन्नीसवीं सदी में यही काम, उर्दू के ज़रिए सारे मज़हबों को जोड़ने के दायरे में, और ज़्यादा बड़े पैमाने पर मुंशी नवल किशोर ने किया था।

अमिताभ सिंह बघेल इसी रौशन विरासत को जारी रखने और आगे बढ़ाने के आरज़ूमन्द दिलों और दिमाग़ों की नई नस्ल के निहायत मज़बूत इरादों वाले शख़्स हैं जिन्हें क़ुदरत से गहरी, बामानी सोच और रचनात्मकता हासिल हुई है। वो लेखनी फाउंडेशन के तहत विदेशों में अदबी और सांस्कृतिक सरगर्मियाँ अंजाम दे रहे हैं। 'आग़ाज़ पोएट्री मूवमेंट' भी एक ऐसी कोशिश है जिसके ज़रिये उन्होंने उर्दू शाइरी को विदेशों में आम करने का बीड़ा उठाया। 'कोशल लिटरेचर फ़ेस्टिवल' भी उनकी एक रौशन कोशिश रहा है और अब वो 'नैनीताल लिटरेचर फ़ेस्टिवल' के आयोजन पर काम कर रहे हैं।

बघेल साहब ने अपनी इन तरह-तरह की साहित्यिक और सांस्कृतिक दिलचस्पियों के साथ ही, अब उर्दू शाइरी को देवनागरी लिपि में पेश करने की तरफ़ पेशक़दमी की है, लेकिन एक ज़रा फ़र्क़ के साथ और वो यह कि उन्होंने इस काम के लिए ग़ज़ल नहीं बल्कि नज़्म का इंतिख़ाब किया है। देवनागरी में छपने वाली उर्दू शाइरी का बहुत बड़ा हिस्सा अब तक ग़ज़ल तक महदूद रहा है जिसके कारण हिन्दी वालों में उर्दू अदब की नुमाइंदगी अधूरी और एकांगी रही है। हिन्दी में छपने वाली उर्दू की नज़्मिया शाइरी ज़्यादातर नज़ीर अकबराबादी या फ़ैज़ अहमद फ़ैज़ जैसे अवामी मक़बूलियत वाले शाइरों की नज़्मों तक सीमित रही है, लेकिन बघेल साहब ने नज़्र-ए-मोहम्मद राशिद, जो नून मीम राशिद के नाम से जाने जाते हैं, का इंतिख़ाब किया है जिन्हें ख़ासा मुश्किल शाइर समझा जाता है और ये मुश्किल उनकी भाषा और कथ्य दोनों के जरिए पैदा होती है। राशिद, उर्दू में भी उतने नहीं जाने-समझे जाते जितने कि फ़ैज़ या अहमद फ़राज़।

उर्दू शाइरी में जदीदियत/आधुनिकता के सिलसिले उन्नीसवीं सदी के आख़िरी कुछ दशकों में मोहम्मद हुसैन 'आज़ाद' और अल्ताफ़ हुसैन 'हाली' की कोशिशों से

जारी हुए जो अंग्रेज़ी शाइरी के असर का नतीजा था। इन दोनों ने 'नज़्म-ए-जदीद' (नई कविता) के नाम से एक संस्था बनाई जिसका मक़सद ग़ज़ल के मुक़ाबले में अंग्रेजी तर्ज़ की कविता को बढ़ावा देना था। कुछ बरसों तक उलटी-सीधी कोशिशों के बाद 'नज़्म-ए-जदीद' यहाँ तक कामयाब हो गई कि इससे प्रभावित होकर इक़बाल जैसा नज़्म लिखने वाला महत्त्वपूर्ण शाइर सामने आया और उसके बाद चन्द बरसों में ही उर्दू की आधुनिक नज़्म एक नई विधा के रूप में स्थापित हो गई।

इक़बाल की नज़्म चूँकि उर्दू नज़्म के क्लासिकी साँचे, मसलन मसनवी, तक सीमित रही, इसलिए राशिद और उनके साथ ही नई नज़्म की विधा अपनाने वाले अख़्तर-उल-ईमान, मीराजी, फ़ैज़ अहमद 'फ़ैज़', जोश मलीहाबादी, असरार-उल-हक़ 'मजाज़', मख़्दूम मोहीउद्दीन, अली सरदार जाफ़री वग़ैरा को ही इसके संस्थापक शाइरों में शुमार किया जाता है। इन शाइरों ने उर्दू शाइरी में भाषा और बयान के नये तरीक़ों के साथ-साथ एक नई वैचारिक और भावात्मक दृष्टि और सरोकारों का इज़ाफ़ा किया। इनमें, राशिद, मीराजी, अख़्तर-उल-ईमान और जोश मलीहाबादी कट्टर नज़्मवादी थे। बल्कि ग़ज़ल-विरोधी थे। ठीक है कि उन्होंने कुछ ग़ज़लें भी कहीं मगर उनका न कोई साहित्यिक मूल्य है और न इन शाइरों ने उन्हें कुछ ख़ास मुँह लगाया। हक़ीक़त यह है कि इन शाइरों में बड़ी और रचनात्मक वैभव रखने वाली ग़ज़ल-शाइरी की सलाहियत/क्षमता ही नहीं थी जिसे उन्होंने ग़ज़ल-विरोध के पर्दे में छुपाने की कोशिश की। दरअसल, ग़ज़ल का रंग-रस इनके ख़ून में भी मौजूद था जिसका सबूत राशिद, मीराजी, अख़्तर-उल-ईमान की नज़्मों के बहाव और लयात्मकता के रूप में कोई भी देख सकता है। फ़ैज़, मजाज़ और मख़्दूम मोहीउद्दीन ने नज़्मों के साथ-साथ ग़ज़लें भी बराबर की लिखीं जिनमें फ़ैज़ सबसे ज़्यादा मशहूर और लोकप्रिय हुए।

शाइरी के अन्दाज़ और वैचारिक सरोकार की बुनियाद पर देखा जाए तो फ़ैज़, मजाज़, मख़्दूम, अली सरदार जाफ़री वग़ैरा मार्क्सवादी प्रगतिशीलता से और राशिद, मीराजी, मजीद अमजद आधुनिकता से जुड़े शाइर थे, जबकि अख़्तर-उल-ईमान इन दोनों रंगों के बीच से गुज़रते नज़र आते हैं। आधुनिकतावादियों में, मीराजी का झुकाव मानसिक और मनोवैज्ञानिक जटिलता के इज़हार की तरफ़ था तो राशिद का रुख़ अस्तित्ववाद और दुनिया के राजनीतिक टकरावों की भावात्मक विवेचना की जानिब था।

राशिद की नज़्मों पर आधारित यह किताब, पिछली सदी की उर्दू नज़्म-शाइरी पर ध्यान केन्द्रित करने का मौक़ा तो देगी ही, हिन्दी और उर्दू की नज़्म-शाइरी के तुलनात्मक अध्ययन की भी राहें खोलेगी कि दोनों एक ही समय में शरीक थीं। बघेल साहब से तवक़्क़ो की जा सकती है कि वो उर्दू नज़्म के और शाइरों पर भी तवज्जो देंगे।

—फरहत एहसास

मुबारकबाद

उर्दू शायरी के सफ़रनामे का जब ब-ग़ौर मुताला किया जाता है तो पता चलता है कि उर्दू शायरी मुख़्तलिफ़ असनाफ़[1] में अपनी ताबिंदगी के साथ आग़ाज़ करती है जिनमें ग़ज़ल, क़सीदा और मसनवी के नाम सरे-फ़ेहरिस्त हैं।

लेकिन वक़्त के साथ-साथ और भी अरबी फ़ारसी की असनाफ़ वाबस्ता होती गईं। तरक़्क़ीपसन्द तहरीक ने जहाँ ग़ज़ल को एक नई जेहत अता की वहीं अंग्रेज़ी अदब की एक सिन्फ़ भी शामिल की जिसे उर्दूवालों ने आज़ाद नज़्म का नाम दिया।

इस सिन्फ़ के शुरुआती दौर में मीम राशिद का नाम आसमान-ए-अदब पर आफ़ताब बनकर चमका। हमारे अहेद में आते-आते यह सिन्फ़ इतनी मक़बूल हो गई कि बड़े से बड़े शायरों ने भी इसमें तब्आ आज़माई की है।

जनाब अमिताभ सिंह बघेल साहब ने आपकी आज़ाद नज़्मों को यकजा करके एक किताबी शक्ल दी है, आपकी ये काविश यक़ीनन पज़ीराई की मुस्तहक़ है।

जनाब अमिताभ सिंह बघेल साहब मुख़्तलिफ़ फ़ुनूने लतीफ़ा के मजमूआ हैं। वो फ़ोटोग्राफ़ी हो, मुसव्विरी हो या उर्दू शायरी, आप जुनून की हद तक उर्दू की ख़िदमत करते हैं और गुज़िश्ता पच्चीस साल से भी ज़्यादा का अर्सा हो गया है आपने 'कोशल लिटरेरी फ़ेस्टिवल' क़ायम करके मुल्क के कई शहरों में उर्दू के इजलास मुन्अक़िद किये हैं, कभी सेमिनार की शक्ल में, कभी मुशायरे की शक्ल में और कभी कवि सम्मेलन के रूप में, आपका हर जलसा निहायत कामयाब होता है।

मीम राशिद की आज़ाद नज़्मों को तरतीब देकर किताब शाया करने पर हम आपको दिली मुबारकबाद पेश करते हैं और दुआ भी करते हैं कि यह किताब मक़बूल-ए-ख़ास-ओ-आम हो।

—सय्यद ज़िया अल्वी

(ख़ैराबाद)

1. सिन्फ़ (विधा) का बहुवचन

शुभकामना

लेखनी फ़ाउंडेशन के बानी और सरबराह अमिताभ सिंह बघेल साहब हमाजेहत शख़्सियत के मालिक हैं। वो एक अर्से से अदबी-ओ-सक़ाफ़ती सरगर्मियों से वावस्ता हैं। आलमी सतह पर शेरो-अदब तक लोगों की रसाई को आसान बनाने के लिए उनकी दीवानगी किसी तआर्रुफ़ की मुहताज नहीं है। गोया प्यासों को दरियाओं से मिलाना उनकी ज़िंदगी का नस्ब-उल-ऐन बन चुका है। गुज़िश्ता साल 'कोशल लिटरेरी फ़ेस्टिवल' की शक़्ल में उनके ज़ौक़ो-शौक़ और हुस्ने कारकर्दगी का मैं ख़ुद गवाह रहा हूँ। उनकी तहरीरें स्प्रिंगर की ज़ीनत बनकर अहले-नज़र से तवज्जो और तारीफ़ हासिल करने में कामयाब रही हैं।

बघेल साहब का ताज़ा कारनामा नून मीम राशिद की नज़्मों के जादू से अस्रे-हाज़िर के ख़ास अहले-ज़ौक़ और दानिश मिज़ाजों को रूशनाश कराने की कोशिश है। रिवायत से इनहिराफ़ करने वाली नून मीम राशिद की शाइरी उर्दू नज़्म की दुनिया में एक नये अहद का आग़ाज़ है। राशिद का ज़ाविया-ए-निगाह मुख़्तलिफ़ भी है और मुनफ़रिद भी। उनके फ़िक्रो-ख़याल का दायरा वसीअ बल्कि हमागीर है।

मुझे उम्मीद है कि बघेल साहब की ताज़ा और गराँक़द्र कोशिश न सिर्फ़ कामयाबी की मंज़िलों से हमकनार होगी बल्कि मक़बूलियत के उफ़ुक़ तक परवाज़ करेगी।

—अक़ील नोमानी

अपनी बात

ज़ुबान एक अजीब-ओ-ग़रीब चीज़ है। एक ज़माने तक आदमी को इस बात का गुमान था कि ज़ुबान यानी भाषा एक ऐसा गुहर[1] है जो सिर्फ़ और सिर्फ़ आदमी के पास है। फिर वक़्त के साथ साइंस ने तरक़्क़ी की जिससे इंसानी फ़िक्र में इज़ाफ़ा हुआ। इसका असर आदमी की बदगुमानी पर भी हुआ। फिर उसे ये क़ुबूल करने में कोई गुरेज़ न था कि ज़ुबान यानी भाषा सिर्फ़ इंसानी दुनिया तक महदूद नहीं। इस एहसास के साथ एक नई बात नमूदार हुई कि किसी बात से नई बात पैदा कर लेने का हुनर सिर्फ़ और सिर्फ़ इंसान की ज़ात के पास है। हज़ारों सदियों से जो इंसान किसी तरह गुज़र-बसर कर रहा था वो इस हुनर को सीढ़ी बनाकर जानवर साम्राज्य की सत्ता पर विराजमान हो गया।

लाज़मी है कि आपके ज़हन में ये ख़याल आया होगा कि इससे अदब का क्या सरोकार! दरअसल बात कुछ ऐसी है कि भूख की आग को बुझाने के लिए जो इंसान ताउम्र दिन-रात जूझते हुए ज़िंदगी गुज़ार देता था उसको ये सब करने की ज़रूरत नहीं रही। ख़ाली वक़्त का इस्तेमाल इंसान ने क़िस्सों को बुनने और सुनाने में लगाया। ये काम कर भी इंसान ही सकता था क्योंकि एक बात से दूसरी बात निकालने वाले आदमी की ज़ात को ही नस्र-ओ-नज़्म कहना और सुनना मयस्सर है।

नज़्म के दो मानी होते हैं—पहला नज़्म यानी कविता, पोएट्री, शायरी और दूसरा मानी जो इस मजमूए के हवाले से मौज़ूँ है। नज़्म उर्दू शायरी की एक विधा है। उर्दू शायरी के सफ़र की इब्तिदा अमीर ख़ुसरो से होती है, फिर एक वक़्फ़े के बाद वली दक्कनी, मोहम्मद रफ़ी सौदा, नज़ीर अकबराबादी, मीर, मुसहफ़ी, नासिख़, ग़ालिब, दाग़, जिगर से होते हुए एक मोड़ पर आ पहुँचती है जहाँ से एक नई तहरीर की इब्तिदा होती है।

1. मोती

उन्नीसवीं सदी की तीसरी दहाई में अदबी दुनिया में इस बात पर बहस छिड़ जाती है कि क्या अदब का काम सिर्फ़ अदब की ख़िदमत करना है या उसकी मुआशरे की तरफ़ कोई ज़िम्मेदारी भी बनती है। वहीं से तरक़्क़ीपसन्द शायरी ख़ुद के लिए एक अलग राह बनाती है। चन्द सालों के बाद फिर एक दोराहे पर आकर खड़ी हो जाती है और इसी दोराहे से जदीद शायरी अपनी अलग राह पकड़ लेती है। मोटे तौर पर समझें तो तरक़्क़ीपसन्द शोअरा ने मुआशरे में जमाअत के नज़रिए को शायरी का मौज़ूँ बनाया और जदीदियत से मुतास्सिर नये शोअरा ने मुआशरे में ज़ाती नज़रिए को पेश किया। तरक़्क़ीपसन्द शोअरा मुआशरे के मसाइल को शायरी का मर्कज़ बनाते हैं। जदीद शायरी के मौज़ूआत ज़ाती मसाइल तय करते हैं।

नज़र मोहम्मद राशिद 1 अगस्त, 1910 को अकालगढ़, गुजराँवाला ज़िला, पंजाब में पैदा हुए थे, जो मौजूदा पाकिस्तान में है। उन्होंने लाहौर के सरकारी कॉलेज से अर्थशास्त्र में एमए किया और दूसरी आलमी जंग में शिरकत की। राशिद ने सहाफ़त के पेशे को रोज़गार का ज़रिया बनाया और ऑल इंडिया रेडियो में भी काम किया। हिन्दुस्तान के बँटवारे के बाद राशिद ने पेशावर में रेडियो पाकिस्तान के लिए काम किया और 1953 में वॉयस ऑफ़ अमेरिका रेडियो में एक उर्दू एंकर के रूप में शामिल हुए। बाद में, वे यूनाइटेड नेशंस के रेडियो स्टाफ़ से जुड़े और ईरान के लिए यूनाइटेड नेशंस इन्फ़ॉरमेशंस सेंटर के डायरेक्टर के तौर पर काम किया।

नून मीम राशिद का पहला मजमूआ 'मावरा' (1940) जब आया तो इंतिहाई मशहूर हुआ लेकिन इख़्तिलाफ़ का सबब भी बना। इसमें सोनेट और आज़ाद नज़्म की पहली नज़ीरें भी शामिल थीं। इस मजमूए की भूमिका में कृश्न चन्दर ने राशिद को एक फ़रारियत पसन्द क़रार दिया, क्योंकि कई नज़्में ऐसे मौज़ूआत पर थीं जो प्रोग्रेसिव और नॉन-प्रोग्रेसिव दोनों के लिए नाजायज़ और चौंकाने वाले थे; मिसाल के तौर पर, 'ख़ुदकुशी' और 'इत्तिफ़ाक़ात'।

राशिद फ़रमाते हैं कि जब उन्होंने जदीद शायरी शुरू की तब सोचा कि नज़र मोहम्मद राशिद या राशिद वहीदी जो वो किसी ज़माने में लिखते रहे हैं जैसे नाम जदीद शायरी में नहीं चलेंगे। तख़ल्लुस में भी थोड़ी जदीदियत तो होनी चाहिए और ऐसे नज़र मोहम्मद राशिद ने 'नून मीम राशिद' तख़ल्लुस इख़्तियार किया। राशिद पर ये इल्ज़ाम आया कि उनकी शायरी में दिल में उतर जाने वाली बात नहीं है और उसको समझने के लिए शऊरी कोशिश करनी पड़ती है। इसके जवाब में राशिद का

यह कहना था कि ये नज़रिया कि शेर पढ़ते ही दिल में उतर जाए, ग़लत है। शेर का यह मक़सद नहीं, किसी गीत का या किसी लतीफ़े का तो हो सकता है। राशिद ने ख़ुद ही माना कि उनके कलाम को समझना कोई बच्चों का खेल नहीं। आम तौर पर शायरी के लिए भी ये बात उतनी ही सच्ची है कि शेर का एक मिसरा पर्दे को गिराता है और दूसरा उठाता है। ये सिलसिला मुसलसल चलता रहता है और यूँ ही मानी कभी सामने आते हैं और कभी पीछे छुप जाते हैं। किसी शेर को कई दफ़ा पढ़ने पर ये एहसास होता है कि पहली दफ़ा में जो बात खुली थी आख़िरी दफ़ा उस बात का मानी कुछ और निकला। कुछ ऐसी ही है राशिद की शायरी।

वो शानों से मुझको हिलाती—
हसन कूज़ा-गर होश में आ
हसन अपने वीरान घर पर नज़र कर
ये बच्चों के तन्नूर क्यूँकर भरेंगे
हसन ऐ मोहब्बत के मारे
मोहब्बत अमीरों की बाज़ी
हसन अपने दीवार-ओ-दर पर नज़र कर

'हसन कूज़ागर' नज़्म के इस हिस्से को कई बार पढ़ने के बाद ये बात समझ में आती है कि ग़ालिबन राशिद यहाँ हसन कूज़ागर की बीवी की बात कर रहे हैं लेकिन ऐसा पहली दफ़ा पढ़ने में लगता नहीं क्योंकि बात को कहने का अन्दाज़ एक माँ का या घर के किसी बड़े-बूढ़े का है जो हसन कूज़ा-गर को उसकी ज़िम्मेदारी का एहसास दिला रहा है। क्लासिकी शायरी में हमको नासेह इस काम को करते हुए नज़र आता है।

दोस्तो, ये मजमूआ आपके हाथ में है, मुश्किल अल्फ़ाज़ के मानी हर नज़्म के साथ दिये गए हैं, उम्मीद है कि आपको इन नज़्मों को पढ़ने में और समझने में मदद मिलेगी। हम सबको उर्दू शायरी से मोहब्बत है मगर नस्तलीक़ में पढ़-लिख नहीं सकते। ये मजमूआ उन तमाम दोस्तों के लिए है जिनको राशिद की शायरी पसन्द है और उनके लिए भी है जो राशिद के कलाम से नावाक़िफ़ हैं। ये किताब उनके लिए है जिनको राशिद अच्छे तो लगते हैं मगर समझ में कम आते हैं। ये किताब उनके लिए भी है जिनके लिए राशिद को समझना बच्चों का खेल है। दोस्तो, ये किताब आप सबके लिए है।

मेरी शरीक-ए-हयात, पयस्विनी के बग़ैर इस किताब का मुकम्मल होना मुमकिन न था। उनका साथ न होता तो ये किताब न होती। मेरे दोनों बच्चे—रिद्धिमा और अभ्युदय जिन्होंने हर क़दम पर मेरी तकनीकी मदद की। मेरे दोस्त और उस्ताद महेंद्र सानी जिन्होंने नस्तलीक़ रस्म-उल-ख़त को समझने में और लिप्यंतरण करने में मेरी पुरज़ोर मदद की। मेरे दोस्त अलोक शाह जिन्होंने उर्दू शायरी से कोई वास्ता न होते हुए भी मुझसे इन नज़्मों को बड़े इत्मीनान से कई-कई दफ़ा सुना। अशोक महेश्वरी जी, अलिंद महेश्वरी और राजकमल प्रकाशन की टीम जिनकी वजह से ये किताब आपके हाथ में है। आग़ाज़ पोएट्री मूवमेंट के मेरे तमाम दोस्त जिन्होंने अमेरिका, यूनाइटेड किंगडम, हांगकांग, सिंगापुर और देश के मुख़्तलिफ़ शहरों से हफ़्ते-दर-हफ़्ते 'उर्दू पोएट्री एप्रिसिएशन सेशंस' में शामिल होकर उर्दू शायरी को पढ़ने, समझने और समझाने के सिलसिले को बरक़रार रखा।.अमेरिका में रहनेवाली हमामा टुल बुश्रा, जिन्होंने इस किताब के लिए अपनी पेंटिंग भेजी। मेरे सभी दोस्त और परिजन जिन्होंने हर उलजलूल काम में मुझको हौसला दिया। ये किताब उन सब के नाम। ये किताब आपके नाम!

—अमिताभ सिंह बघेल

ज़िन्दगी से डरते हो

ज़िन्दगी से डरते हो

ज़िन्दगी से डरते हो!
ज़िन्दगी तो तुम भी हो ज़िन्दगी तो हम भी हैं!
ज़िन्दगी से डरते हो?
आदमी से डरते हो!
आदमी तो तुम भी हो आदमी तो हम भी हैं
आदमी ज़बाँ[1] भी है आदमी बयाँ[2] भी है
उससे तुम नहीं डरते!
हर्फ़[3] और मा'नी[4] के रिश्ता-हा-ए-आहन[5] से आदमी है वाबस्ता[6]
आदमी के दामन से ज़िन्दगी है वाबस्ता
उससे तुम नहीं डरते
'अन-कही' से डरते हो
जो अभी नहीं आई उस घड़ी से डरते हो
उस घड़ी की आमद[7] की आगही[8] से डरते हो
पहले भी तो गुज़रे हैं
दौर नारसाई[9] के 'बे-रिया'[10] ख़ुदाई के
फिर भी ये समझते हो हेच[11] आरज़ू-मंदी[12]
ये शबे-ज़बाँ-बन्दी[13] है रहे-ख़ुदा-वंदी[14]
तुम मगर ये क्या जानो

1. वाणी; 2. वक्तव्य; 3. अक्षर; 4. अर्थ; 5. लोहे की तरह मज़बूत रिश्ता; 6. जुड़ा होना; 7. आगमन; 8. जानकारी होना; 9. पा न सकना; 10. आडम्बरहीन; 11. तुच्छ; 12. अभिलाषा; 13. जिस रात अभिव्यक्ति पर पहरा लग जाए; 14. ईश्वरत्व की राह

लब अगर नहीं हिलते हाथ जाग उठते हैं
हाथ जाग उठते हैं राह का निशाँ बनकर
नूर की ज़बाँ बनकर
हाथ बोल उठते हैं सुब्ह की अज़ाँ बनकर
रौशनी से डरते हो
रौशनी तो तुम भी हो रौशनी तो हम भी हैं
रौशनी से डरते हो
शहर की फ़सीलों[1] पर
देव का जो साया था पाक हो गया आख़िर
रात का लिबादा[2] भी
चाक[3] हो गया आख़िर ख़ाक हो गया आख़िर
इज़्दिहामे-इंसाँ[4] से फ़र्द[5] की नवा[6] आई
ज़ात[7] की सदा आई
राहे-शौक़[8] में जैसे राहरौ[9] का ख़ूँ लपके
इक नया जुनूँ लपके
आदमी छलक उट्ठे
आदमी हँसे देखो शहर फिर बसे देखो
तुम अभी से डरते हो?
हाँ अभी तो तुम भी हो
हाँ अभी तो हम भी हैं
तुम अभी से डरते हो!

---

1. चहारदीवारी; 2. वस्त्र; 3. फट जाना; 4. इंसानों की भीड़; 5. एक व्यक्ति; 6. आवाज़; 7. अस्तित्व; 8. शौक़ की राह; 9. चलने वाला

हसन कूज़ागर[1] : एक

जहाँज़ाद[2] नीचे गली में तिरे दर[3] के आगे
ये मैं सोख़्ता-सर[4] हसन कूज़ागर[5] हूँ!
तुझे सुब्ह बाज़ार में बूढ़े अत्तार[6] यूसुफ़
की दुक्कान पर मैंने देखा
तो तेरी निगाहों में वो ताबनाकी[7]
थी मैं जिसकी हसरत में नौ साल दीवाना फिरता रहा हूँ
जहाँज़ाद नौ साल दीवाना फिरता रहा हूँ!
ये वो दौर था जिसमें मैंने
कभी अपने रंजूर[8] कूज़ों[9] की जानिब
पलटकर न देखा
वो कूज़े मेरे दस्ते-चाबुक[10] के पुतले
गिलो-रंगो-रोग़न[11] की मख़्लूक़े-बे-जाँ[12]
वो सर-गोशियों[13] में ये कहते
हसन कूज़ागर अब कहाँ है?
वो हम से ख़ुद अपने अमल[14] से
ख़ुदा-वंद[15] बनकर ख़ुदाओं के मानिंद है रू-ए-गरदाँ[16]!
जहाँज़ाद नौ साल का दौर यूँ मुझ पे गुज़रा
कि जैसे किसी शहरे-मदफ़ून[17] पर वक़्त गुज़रे

---

1. हसन नाम का कुम्हार; 2. हसन की प्रेमिका जहाँज़ाद; 3. दरवाज़ा; 4. झुलसा हुआ सर; 5. कुम्हार; 6. इत्र बनानेवाला; 7. चमक; 8. दुखी; 9. मिट्टी के पात्र; 10. निपुण हाथ; 11. मिट्टी और रंग-रोग़न; 12. बेजान प्रजा; 13. फुसफुसाहट; 14. कर्म; 15. मालिक; 16. विमुख; 17. दफ़्न हो चुका शहर

तग़ारों[1] में मिट्टी
कभी जिसकी ख़ुश्बू से वारफ़्ता[2] होता था मैं
संग-बस्ता[3] पड़ी थी
सुराही-ओ-मीना-ओ-जामो-सुबू[4] और फ़ानूसो-गुलदाँ[5]
मिरी हेच-माया[8] मईशत[7] के इज़्हारे-फ़न[6] के सहारे
शिकस्ता[9] पड़े थे
मैं ख़ुद, मैं हसन कूज़ागर पा-ब-गिल[10] ख़ाक-बर-सर[11] बरहना[12]
सरे-चाक[13] ज़ोलीदा-मू सर-ब-ज़ानू[14]
किसी ग़मज़दा[15] देवता की तरह वाहिमे[16] के
गिलो-ला[17] से ख़्वाबों के सय्याल[18] कूज़े बनाता रहा था
जहाँज़ाद नौ साल पहले
तू नादाँ थी लेकिन तुझे ये ख़बर थी
कि मैंने हसन कूज़ागर ने
तिरी क़ाफ़[19] की-सी उफ़ुक़-ताब[20] आँखों
में देखी है वो ताबनाकी
कि जिससे मेरे जिस्मो-जाँ[21] अब्रो-महताब[22] का
रहगुज़र[23] बन गए थे
जहाँज़ाद बग़दाद[24] की ख़्वाब-गूँ[25] रात
वो रूदे-दजला[26] का साहिल
वो कश्ती वो मल्लाह की बन्द आँखें
किसी ख़स्ता-जाँ[27] रंज-बर[28] कूज़ागर के लिए
एक ही रात वो कहरुबा[29] थी
कि जिससे अभी तक है पैवस्त[30] उसका वजूद

---

1. तसला; 2. बेख़ुद, दीवाना; 3. पत्थर की तरह कठोर; 4. सुराही—शराब की बोतल—जाम और शराब की मटकी; 5. लैम्प और गुलदान; 6. तुच्छ दौलत; 7. जीविका; 8. कला की अभिव्यक्ति; 9. टूटा हुआ; 10. मिट्टी में सने पैर; 11. सिर मिट्टी से भरा; 12. नग्न; 13. चाक पर; 14. बिखरे बाल घुटनों पर सिर टिकाए; 15. ग़मगीन; 16. वहम; 17. मिट्टी और शून्य; 18. तरल; 19. उर्दू का 38वाँ अक्षर; 20. रौशन क्षितिज; 21. शरीर और प्राण; 22. बादल और चाँद; 23. रास्ता; 24. इराक़ का शहर बग़दाद; 25. स्वप्न सरीखी; 26. दजला नहर; 27. क्षीण; 28. दुखी; 29. एक हल्का पत्थर जो घास को अपनी ओर खींचता है—चुम्बकीय; 30. धँसा हुआ

उसकी जाँ उसका पैकर[1]
मगर एक ही रात का ज़ौक़[2] दरिया की वो लहर निकला
हसन कूज़ागर जिसमें डूबा तो उभरा नहीं है!
जहाँज़ाद उस दौर में रोज़ हर रोज़
वो सोख़्ता-बख़्त[3] आकर
मुझे देखती चाक पर पा-ब-गिल सर-ब-ज़ानू[4]
तो शानों[5] से मुझको हिलाती
(वही चाक जो साल-हा-साल[6] जीने का तन्हा सहारा रहा था)
वो शानों से मुझको हिलाती
हसन कूज़ागर होश में आ
हसन अपने वीरान घर पर नज़र कर
ये बच्चों के तन्नूर[7] क्यूँकर भरेंगे
हसन ऐ मोहब्बत के मारे
मोहब्बत अमीरों की बाज़ी
हसन अपने दीवारो-दर[8] पर नज़र कर
मेरे कान में ये नवा-ए-हज़ीं[9] यूँ थी जैसे
किसी डूबते शख़्स को ज़ेरे-गिर्दाब[10] कोई पुकारे!
वो अश्कों के अम्बार फूलों के अम्बार थे हाँ
मगर मैं हसन कूज़ागर शहरे-औहाम[11] के उन
ख़राबों[12] का मज्ज़ूब[13] था जिन
में कोई सदा कोई जुम्बिश[14]
किसी मुर्ग़-ए-पर्रां[15] का साया
किसी ज़िन्दगी का निशाँ तक नहीं था!
जहाँज़ाद मैं आज तेरी गली में
यहाँ रात की सर्द-गूँ[16] तीरगी[17] में
तिरे दर के आगे खड़ा हूँ
सरो-मू[18] परेशाँ

1. छवि; 2. रसानुभव, अपार चाह; 3. अभागा; 4. घुटनों पर सिर; 5. कन्धे; 6. कई वर्ष; 7. भट्ठी, पेट; 8. दीवार और दरवाज़ा; 9. शोकाकुल आवाज़; 10. भँवर में; 11. वहम का शहर; 12. वीरान घर; 13. तल्लीन; 14. हिल डुल; 15. उड़ता हुआ पंछी; 16. ठंडी; 17. अँधेरा; 18. सिर और बाल

दरीचे[1] से वो क़ाफ़ की-सी तिलिस्मी निगाहें
मुझे आज फिर झाँकती हैं
ज़माना, जहाँज़ाद वो चाक है जिस पे मीना-ओ-जामो-सुबू
और फ़ानूसो-गुलदाँ
के मानिंद बनते-बिगड़ते हैं इंसाँ
मैं इंसाँ हूँ लेकिन
ये नौ साल जो ग़म के क़ालिब[2] में गुज़रे!
हसन कूज़ागर आज इक तोदा-ए-ख़ाक[3] है जिस्म
में नम[4] का असर तक नहीं है
जहाँज़ाद बाज़ार में सुब्ह अत्तार यूसुफ़
की दुक्कान पर तेरी आँखें
फिर इक बार कुछ कह गई हैं
उन आँखों की ताबिंदा[5] शोख़ी[6]
से उट्ठी है फिर तोदा-ए-ख़ाक में नम की हल्की-सी लर्ज़िश[7]
यही शायद उस ख़ाक को गिल बना दे!
तमन्ना की वुसअत[8] की किसको ख़बर है जहाँज़ाद लेकिन
तू चाहे तो बन जाऊँ मैं फिर
वही कूज़ागर जिसके कूज़े
थे हर काख़-ओ-कू[9] और हर शहरो-क़र्या[10] की नाज़िश[11]
थे जिनसे अमीरो-गदा[12] के मसाकिन[13] दरख़्शाँ[14]
तमन्ना की वुसअत की किस को ख़बर है जहाँज़ाद लेकिन
तू चाहे तो मैं फिर पलट जाऊँ उन अपने महजूर[15] कूज़ों की जानिब
गिलो-ला के सूखे तग़ारों की जानिब
मईशत के इज़हारे-फ़न के सहारों की जानिब
कि मैं उस गिलो-ला से उस रंगो-रोग़न[16]
से फिर वो शरारे[17] निकालूँ कि जिनसे
दिलों के ख़राबे हों रौशन!

---

1. खिड़की; 2. साँचा; 3. मिट्टी का ढेर; 4. नमी; 5. चमकदार; 6. चंचलता; 7. कँपकँपी; 8. फैलाव; 9. महल और गली-कूचे; 10. शहर और गाँव; 11. अभिमान; 12. अमीर और फ़क़ीर; 13. कई निवास स्थान; 14. प्रकाशमान; 15. निषिद्ध, हराम; 16. रंग और रोग़न; 17. चिनगारियाँ

हसन कूज़ागर : दो

ऐ जहाँज़ाद,
नशात[1] उस शबे-बे-राह-रवी[2] की
मैं कहाँ तक भूलूँ?
ज़ोरे-मय[3] था कि मेरे हाथ की लर्ज़िश[4] थी
कि उस रात कोई जाम गिरा टूट गया
तुझे हैरत न हुई!
कि तिरे घर के दरीचों[5] के कई शीशों पर
उससे पहले की भी दर्ज़ें[6] थीं बहुत
तुझे हैरत न हुई!
ऐ जहाँज़ाद,
मैं कूज़ों की तरफ़ अपने तग़ारों की तरफ़
अब जो बग़दाद से लौटा हूँ
तो मैं सोचता हूँ
सोचता हूँ तू मेरे सामने आईना रही
सरे-बाज़ार[7] दरीचे में सरे-बिस्तरे-संजाब[8] कभी
तू मेरे सामने आईना रही
जिसमें कुछ भी नज़र आया न मुझे
अपनी ही सूरत के सिवा
अपनी तन्हाई-ए-जाँकाह[9] की दहशत[10] के सिवा!

---

1. ख़ुशी; 2. विचलन की राह; 3. शराब का ज़ोर; 4. लड़खड़ाहट; 5. खिड़कियाँ; 6. दरारें; 7. बाज़ार में; 8. साइबेरियाई गिलहरी की ख़ाल से बने बिस्तर में; 9. जानलेवा तन्हाई; 10. भय

लिख रहा हूँ तुझे ख़त
और वो आईना मेरे हाथ में है
इसमें कुछ भी नज़र आता नहीं
अब एक ही सूरत के सिवा!
लिख रहा हूँ तुझे ख़त
और मुझे लिखना भी कहाँ आता है?
लौहे-आईना[1] पे अश्कों की फ़व्वारों ही से
ख़त क्यूँ न लिखूँ?
ऐ जहाँज़ाद,
नशात उस शबे-बे-राह-रवी की
मुझे फिर लाएगी?
वक़्त क्या चीज़ है तू जानती है?
वक़्त इक ऐसा पतिंगा है
जो दीवारों पे आईनों पे
पैमानों[2] पे शीशों पे
मिरे जामो-सुबू[3] मेरे तग़ारों पे
सदा रेंगता है
रेंगते वक़्त के मानिंद कभी
लौट के आएगा हसन कूज़ागरे-सोख़्ता-जाँ[4] भी शायद!
अब जो लौटा हूँ जहाँज़ाद
तो मैं सोचता हूँ!
शायद इस झोंपड़े की छत पे ये मकड़ी मिरी महरूमी[5] की
जिसे तनती चली जाती है वो जाला तो नहीं हूँ मैं भी?
ये सियह[6] झोंपड़ा मैं जिसमें पड़ा सोचता हूँ
मेरे अफ़्लास[7] के रौंदे हुए अज्दाद[8] की
बस एक निशानी है यही
उनके फ़न उनकी मईशत[9] की कहानी है यही

---

1. आईने की तख़्ती; 2. जाम; 3. जाम और सुराही; 4. दिलजला कूज़ागर; 5. अभाव; 6. अँधियारी; 7. ग़रीबी; 8. पुरखे; 9. इकॉनोमी

मैं जो लौटा हूँ तो वो सोख़्ता-बख़्त[1]
आ के मुझे देखती है
देर तक देखती रह जाती है
मेरे इस झोंपड़े में कुछ भी नहीं
खेल इक सादा मोहब्बत का
शबो-रोज़[2] के इस बढ़ते हुए खोखलेपन में जो कभी खेलते हैं
कभी रो लेते हैं मिलकर कभी गा लेते हैं
और मिलकर कभी हँस लेते हैं
दिल के जीने के बहाने के सिवा और नहीं
हर्फ़[3] सरहद[4] हैं जहाँज़ाद मआनी[5] सरहद
इश्क़ सरहद है जवानी सरहद
दिल के जीने के बहाने के सिवा और नहीं
(दर्दे-महरूमी[6] की
तन्हाई की सरहद भी कहीं है कि नहीं?)

मेरे इस झोंपड़े में
कितनी ही ख़ुशबूएँ हैं
जो मेरे गिर्द सदा[7] रेंगती हैं
उसी इक रात की ख़ुश्बू की तरह रेंगती हैं —
दरो-दीवार से लिपटी हुई इस गर्द[8] की ख़ुश्बू भी है
मेरे अफ़्लास की तन्हाई की
यादों की तमन्नाओं की ख़ुशबूएँ भी
फिर भी इस झोंपड़े में कुछ भी नहीं—
ये मेरा झोंपड़ा तारीक[9] है गंदा है परागंदा[10] है
हाँ कभी दूर दरख़्तों[11] से परिंदों की सदा[12] आती है
कभी इंजीरों[13] के ज़ैतूनों के बाग़ों की महक आती है
तो मैं जी उठता हूँ

1. काले भाग्य; 2. रात-दिन; 3. अक्षर; 4. सीमा; 5. अर्थ; 6. अभाव की पीड़ा; 7. हमेशा; 8. धूल; 9. अँधेरा; 10. बिखरा हुआ; 11. पेड़; 12. आवाज़; 13. अंजीर

तो मैं कहता हूँ कि लो आज नहाकर निकला!
वर्ना इस घर में कोई सेज नहीं इत्र नहीं है
कोई पंखा भी नहीं,
तुझे जिस इश्क़ की ख़ू[1] है
मुझे उस इश्क़ का यारा[2] भी नहीं!
तू हँसेगी ऐ जहाँज़ाद अजब बात
कि जज़्बात का हातिम[3] भी मैं
और अशिया[4] का परस्तार[5] भी मैं
और सर्वत[6] जो नहीं उसका तलबगार[7] भी मैं!
तू जो हँसती रही उस रात तज़ब्ज़ुब[8] पे मेरे
मेरी दो-रंगी[9] पे फिर से हँस दे!
इश्क़ से किसने मगर पाया है कुछ अपने सिवा?
ऐ जहाँज़ाद
है हर इश्क़ सवाल ऐसा के आशिक़ के सिवा
उसका नहीं कोई जवाब
यही काफ़ी है कि बातिन[10] की सदा गूँज उठे!
ऐ जहाँज़ाद
मेरे गोशा-ए-बातिन[11] की सदा ही थी
मेरे फ़न[12] की ठिठुरती हुई सदियों
के किनारे गूँजी
तेरी आँखों के समुन्दर का किनारा ही था
सदियों का किनारा निकला
ये समुन्दर जो मिरी ज़ात[13] का आईना है
ये समुन्दर जो मेरे कूज़ों के बिगड़े हुए
बनते हुए सीमाओं का आईना है
ये समुन्दर जो हर इक फ़न का
हर इक फ़न के परस्तार का आईना है

---

1. आदत; 2. सामर्थ्य; 3. परोपकारी; 4. वस्तु; 5. समर्थक; 6. देनेवाला; 7. इच्छुक; 8. दुविधा; 9. दोहरापन; 10. अन्तस्; 11. अन्तर्मन का कोना; 12. कला; 13. अस्तित्व

हसन कूज़ागर : तीन

जहाँज़ाद
वो हलब[1] की कारवाँ-सरा[2] का हौज़[3], रात वो सुकूत[4]
जिसमें एक-दूसरे से हम-किनार[5] तैरते रहे
मुहीत[6] जिस तरह हो दाएरे[7] के गिर्द हल्क़ा-ज़न[8]
तमाम रात तैरते रहे थे हम
हम एक-दूसरे के जिस्मो-जाँ[9] से लग के
तैरते रहे थे एक शाद-काम[10] ख़ौफ़ से
कि जैसे पानी आँसुओं में तैरता रहे
हम एक-दूसरे से मुतमइन[11] ज़वाले-उम्र[12] के ख़िलाफ़
तैरते रहे
तू कह उठी 'हसन यहाँ भी खींच लाई
जाँ की तिश्नगी[13] तुझे!'
(लो अपनी जाँ की तिश्नगी को याद कर रहा था मैं
कि मेरा हल्क़[14] आँसुओं की बे-बहा[15] सख़ावतों[16]
से शाद-काम हो गया!)
मगर ये वहम दिल में तैरने लगा कि हो न हो
मिरा बदन कहीं हलब के हौज़ ही में रह गया

1. सीरिया का एक मशहूर शहर जो आईने के लिए मशहूर था; 2. मुसाफ़िरों के ठहरने की सराय; 3. कुंड; 4. चुप्पी; 5. आलिंगनबद्ध; 6. फैला हुआ; 7. घेरा; 8. घेर लेना; 9. ज़िस्म और जान; 10. प्रसन्नचित्त; 11. सन्तुष्ट; 12. घटती उम्र; 13. प्यास; 14. कंठ; 15. बहुमूल्य; 16. दान

नहीं, मुझे दुई[1] का वाहिमा[2] नहीं
कि अब भी रब्ते-जिस्मो-जाँ[3] का ए'तिबार[4] है मुझे
यही वो ए'तिबार था
कि जिसने मुझको आपमें समो दिया
मैं सबसे पहले 'आप' हूँ
अगर हमीं हों तू हो और मैं हूँ फिर भी मैं
हर एक शय[5] से पहले आप हों!
अगर मैं ज़िन्दा हूँ तो कैसे आप से दग़ा करूँ?
कि तेरे जैसी औरतें, जहाँज़ाद,
ऐसी उलझनें हैं
जिनको आज तक कोई नहीं 'सुलझ' सका
जो मैं कहूँ कि मैं 'सुलझ' सका तो सर-ब-सर[6]
फ़रेब अपने-आपसे!
कि औरतों की साख़्त[7] है वो तंज़[8] अपने-आप पर
जवाब जिसका हम नहीं
(लबीब[9] कौन है? तमाम रात जिसका ज़िक्र
तेरे लब पे था
वो कौन तेरे गेसुओं[10] को खींचता रहा
लबों को नोचता रहा
जो मैं कभी न कर सका
नहीं ये सच है मैं हूँ या लबीब हो
रक़ीब[11] हो तो किसलिए तिरी ख़ुद-आगही[12] की बे-रिया[13] नशाते-नाब[14] का
जो सद-नवा-ओ-यक-नवा[15] ख़िरामे-सुब्ह[16] की तरह
लबीब हर नवा-ए-साज़गार[17] की नफ़ी[18] सही!)
मगर हमारा राब्ता[19] विसाले-आबो-गिल[20] नहीं, न था कभी

---

1. द्वैत; 2. वहम; 3. जिस्म और जान का सम्बन्ध; 4. विश्वास; 5. चीज़; 6. पूर्ण रूप से; 7. बनावट; 8. कटाक्ष; 9. कुशल; 10. केश; 11. प्रतिद्वन्द्वी; 12. आत्म-साक्षात्कार; 13. निश्छल; 14. सच्ची ख़ुशी; 15. सैकड़ों आवाज़ें और एक आवाज़ सहित; 16. सुबह की चाल; 17. अनुकूल ध्वनि; 18. नकार; 19. सम्बन्ध; 20. पानी और मिट्टी का मिलन

वजूदे-आदमी[1] से आबो-गिल[2] सदा बरूँ[3] रहे
न हर विसाले-आबो-गिल से कोई जाम या सुबू ही बन सका
जो इनका एक वाहिमा ही बन सके तो बन सके!
जहाँज़ाद
एक तू और एक वो और एक मैं
ये तीन ज़ाविए किसी मुसल्लसे-क़दीम[4] के
हमेशा घूमते रहे
कि जैसे मेरा चाक[5] घूमता रहा
मगर न अपने-आप का कोई सुराग़ पा सके
मुसल्लसे-क़दीम को मैं तोड़ दूँ, जो तू कहे, मगर नहीं
जो सेहर[6] मुझ पे चाक का वही है इस मुसल्लसे-क़दीम का
निगाहें मेरे चाक की जो मुझको देखती हैं
घूमते हुए
सुबू-ओ-जाम पर तिरा बदन तिरा ही रंग तेरी नाज़ुकी
बरस पड़ी
वो कीमिया-गरी[7] तिरे जमाल[8] की बरस पड़ी
मैं सैले-नूरे-अंदरूँ[9] से धुल गया!
मिरे दरों[10] की ख़ल्क़[11] यूँ गली-गली निकल पड़ी
कि जैसे सुब्ह की अज़ाँ सुनाई दी!
तमाम कूज़े[12] बनते-बनते 'तू' ही बन के रह गए
नशात इस विसाले-रहगुज़र[13] की नागहाँ[14] मुझे निगल गई
यही पियाला-ओ-सुराही-ओ-सुबू[15] का मरहला[16] है वो
कि जब ख़मीरे-आबो-गिल से वो जुदा हुए
तो उनको सम्ते-राहे-नौ[17] की कामरानियाँ[18] मिलें
मैं इक ग़रीब कूज़ागर
ये इंतिहा-ए-मारिफ़त[19]

---

1. आदमी का वजूद; 2. पानी और मिट्टी; 3. बाहर; 4. प्राचीन तिकोन; 5. कुम्हार का चाक; 6. जादू; 7. रसायन बनाना; 8. सौन्दर्य; 9. अन्तस के प्रकाश की धारा; 10. द्वार; 11. प्रजा; 12. मिट्टी के पात्र; 13. रास्ते का मिलन; 14. अचानक; 15. शराब की मटकी; 16. गन्तव्य; 17. नई राह की दिशा; 18. कामयाबियाँ; 19. ज्ञान का चरम

ये हर पियाला-ओ-सुराही-ओ-सुबू की इंतिहा-ए-मारिफ़त
मुझे हो इसकी क्या ख़बर?
जहाँज़ाद
इंतिज़ार आज भी मुझे है क्यूँ वही मगर
जो नौ बरस के दौरे-ना-सज़ा[1] में था?
अब इंतिज़ार आँसुओं के दजला[2] का
न गुमरही[3] की रात का
शबे-गुनाह[4] की लज़्ज़तों का इतना ज़िक्र कर चुका
वो ख़ुद गुनाह बन गईं!
हलब की कारवाँ-सरा के हौज़ का, न मौत का
न अपनी इस शिकस्त-खुर्दा[5] ज़ात का
इक इंतिज़ारे-बे-अमाँ[6] का तार है बँधा हुआ!
कभी जो चंद सानिए[7] ज़माने-बे-ज़माँ[8] में आ के रुक गए
तो वक़्त का ये बार[9] मेरे सर से भी उतर गया
तमाम रफ़्ता-ओ-गुज़िश्ता[10] सूरतों, तमाम हादसों
के सुस्त क़ाफ़िले
मिरे दरूँ में जाग उठे
मिरे दरूँ में इक जहाने-बाज़-याफ़्ता[11] की रेल-पेल जाग उठी
बहिश्त[12] जैसे जाग उठे ख़ुदा के ला-शुऊर[13] में!
मैं जाग उठा ग़ुनूदगी[14] की रेत पर पड़ा हुआ
ग़ुनूदगी की रेत पर पड़े हुए वो कूज़े जो
मिरे वजूद से बरूँ
तमाम रेज़ा[15] रेज़ा हो के रह गए थे
मेरे अपने-आपसे फ़िराक़[16] में
वो फिर से एक कुल[17] बने (किसी नवा-ए-साज़गार की तरह)
वो फिर से एक रक़्से-बे-ज़माँ[18] बने
वो रूयते-अज़ल[19] बने!

---

1. नामुनासिब दौर, बुरा दौर; 2. इराक़ की एक नदी; 3. पथभ्रष्ट होना; 4. गुनाह की रात; 5. हारा हुआ; 6. असुरक्षित इन्तज़ार; 7. दूसरा, पुराना हो चुका; 8. बिना समय का समय; 9. भार; 10. बीता हुआ; 11. फिर से पा ली गई दुनिया; 12. स्वर्ग; 13. अवचेतन; 14. ऊँघ; 15. कण; 16. जुदाई; 17. समस्त; 18. शून्यगत नृत्य; 19. आदि काल का दर्शन

हसन कूज़ागर : चार

जहाँज़ाद
कैसे हज़ारों बरस बाद
इक शहरे-मदफ़ून[1] की हर गली में
मिरे जामो-मीना-ओ-गुलदाँ[2] के रेज़े मिले हैं
कि जैसे वो इस शहरे-बर्बाद[3] का हाफ़िज़ा[4] हों
हसन नाम का इक जवाँ कूज़ागर इक नये शहर में
अपने कूज़े बनाता हुआ इश्क़ करता हुआ
अपने माज़ी के तारों में हमसे पिरोया गया है
हमीं में कि जैसे हमीं हों समोया गया है
कि हम तुम वो बारिश के क़तरे थे जो रात-भर से
हज़ारों बरस रेंगती रात-भर
इक दरीचे के शीशों पे गिरते हुए साँप लहरें
बनाते रहे हैं
और अब इस जगह वक़्त की सुब्ह होने से पहले
ये हम और ये नौजवाँ कूज़ागर
एक रूया[5] में फिर से पिरोए गए हैं
जहाँज़ाद
ये कैसा कोहना-परस्तों[6] का अम्बोह[7]
कूज़ों की लाशों में उतरा है

1. दफ़्न हो चुका शहर; 2. जाम और शराब की मटकी और गुलदान; 3. बर्बाद हो चुका शहर; 4. याददाश्त; 5. समक्ष; 6. पारम्परिक लोग; 7. भीड़

देखो
ये वो लोग हैं जिनकी आँखें
कभी जामो-मीना की लिम[1] तक न पहुँचीं
यही आज इस रंगो-रोग़न[2] की मख़्लूक़े-बे-जाँ[3]
को फिर से उलटने-पलटने लगे हैं
ये उनके तले ग़म की चिनगारियाँ पा सकेंगे
जो तारीख़[4] को खा गई थीं
वो तूफ़ान वो आँधियाँ पा सकेंगे
जो हर चीख़ को खा गई थीं
उन्हें क्या ख़बर किस धनक से मेरे रंग आए
मेरे और इस नौजवाँ कूज़ागर के
उन्हें क्या ख़बर कौन-सी तितलियों के परों से
उन्हें क्या ख़बर कौन-से हुस्न से
कौन-सी ज़ात से किस ख़द्दो-ख़ाल[5] से
मैंने कूजों के चेहरे उतारे
ये सब लोग अपने असीरों[6] में हैं
ज़माना जहाँज़ाद अफ़्सूँ-ज़दा[7] बुर्ज है[8]
और ये लोग उसके असीरों में हैं
जवाँ कूज़ागर हँस रहा है
ये मासूम वहशी[9] कि अपने ही क़ामत[10] से ज़ोलीदा-दामन[11]
हैं जूया[12] किसी अज़्मते-नारसा[13] के
उन्हें क्या ख़बर कैसा आसेबे-मुबरम[14] मेरे ग़ार[15] सीने पे था
जिसने मुझसे और उस कूज़ागर से कहा
ऐ हसन कूज़ागर जाग
दर्दे-रिसालत[16] का रोज़े-बशारत[17] तिरे जामो-मीना
की तिश्ना-लबी[18] तक पहुँचने लगा है

---

1. कारण; 2. लिपाई-पुताई; 3. बेजान रचना; 4. इतिहास; 5. चेहरा-मोहरा; 6. ग़ुलाम; 7. जिस पर जादू किया गया हो; 8. मीनार; 9. जुनूनी; 10. क़द; 11. बिखरा हुआ दामन; 12. इच्छुक; 13. वो महानता जहाँ तक पहुँचा न जा सके; 14. मज़बूत भूत; 15. गुफ़ा; 16. पैग़म्बरी का दर्द; 17. ख़ुशख़बरी का दिन; 18. प्यास

यही वो निदा जिसके पीछे हसन नाम का
ये जवाँ कूज़ागर भी
पया-पय[1] रवाँ[2] है ज़माँ[3] से ज़माँ तक
ख़िज़ाँ[4] से ख़िज़ाँ तक
जहाँज़ाद मैंने हसन कूज़ागर ने
बयाबाँ[5] बयाबाँ ये दर्दे-रिसालत सहा है
हज़ारों बरस बाद ये लोग
रेज़ों को चुनते हुए
जान सकते हैं कैसे
कि मेरे गिलो-ख़ाक[6] के रंगो-रोग़न
तिरे नाज़ुक आज़ा[7] के रंगों से मिलकर
अबद[8] की सदा बन गए थे
मैं अपने मसामों[9] से हर पोर से
तेरी बाँहों की पहनाइयाँ[10]
जज़्ब[11] करता रहा था
कि हर आनेवाले की आँखों के माबद[12] पे जाकर चढ़ाऊँ
ये रेज़ों की तहज़ीब[13] पा लें तो पा लें
हसन कूज़ागर को कहाँ ला सकेंगे
ये उसके पसीने के क़तरे कहाँ गिन सकेंगे
ये फ़न[14] की तजल्ली[15] का साया कहाँ पा सकेंगे
जो बढ़ता गया है ज़माँ से ज़माँ तक
ख़िज़ाँ से ख़िज़ाँ तक
जो हर नौजवाँ कूज़ागर की नई ज़ात में
और बढ़ता चला जा रहा है!
वो फ़न की तजल्ली का साया कि जिसकी बदौलत

---

1. बारम्बार; 2. चलायमान; 3. काल; 4. पतझड़; 5. उजाड़; 6. मिट्टी; 7. अंग; 8. नित्य; 9. रोमकूप; 10. विस्तार; 11. सोखना; 12. उपासनागृह; 13. सभ्यता; 14. कला; 15. प्रकाश

हमा-इश्क़[1] हैं हम
हमा-कूज़ागर[2] हम
हमातन-ख़बर[3] हम
ख़ुदा की तरह अपने फ़न के ख़ुदा सर-ब-सर हम
(आरज़ूएँ कभी पायाब[4] तो सर्याब[5] कभी
तैरने लगते हैं बेहोशी की आँखों में कई चेहरे
जो देखे भी न हों
कभी देखे हों किसी ने तो सुराग़ उन का
कहाँ से पाए
किससे ईफ़ा[6] हुए अंदोह[7] के आदाब[8] कभी
आरज़ूएँ कभी पायाब तो सर्याब कभी)

ये कूज़ों के लाशे[9] जो इनके लिए हैं
किसी दास्ताने-फ़ना[10] के वग़ैरा[11] वग़ैरा
हमारी अज़ाँ हैं हमारी तलब[12] का निशाँ[13] हैं
ये अपने सुकूते-अजल[14] में भी ये कह रहे हैं
वो आँखें हमीं[15] हैं जो अन्दर खुली हैं
तुम्हें देखती हैं हर इक दर्द को भाँपती हैं
हर इक हुस्न के राज़ को जानती हैं
कि हम एक सुनसान हुजरे[16] की उस रात की आरज़ू हैं
जहाँ एक चेहरा दरख़्तों की शाख़ों के मानिंद
इक और चेहरे पे झुक कर हर इंसान के सीने में
इक बर्गे-गुल[17] रख गया था
उसी शब[18] का दुज़-दीदा[19] बोसा[20] हमीं हैं

1. सम्पूर्ण प्रेम; 2. सम्पूर्ण कुम्हार; 3. सम्पूर्ण सूचना; 4. उथला; 5. डूबा हुआ; 6. प्रतिज्ञा पालन करना; 7. भीड़; 8. शिष्टाचार; 9. लाश; 10. नश्वरता की कथा; 11. इत्यादि; 12. चाह; 13. चिह्न; 14. मृत्यु का सन्नाटा; 15. स्वयं; 16. कुटिया; 17. फूल की पंखुड़ी; 18. रात; 19. चुराया हुआ; 20. चुम्बन

कौन-सी उलझन को सुलझाते हैं हम

लब[1] बयाबाँ[2], बोसे[3] बेजाँ[4]
कौन-सी उलझन को सुलझाते हैं हम?
जिस्म की ये कारगाहें[5]
जिनका हैज़म[6] आप बन जाते हैं हम!
नीम-शब[7] और शहरे-ख़्वाब-आलूदा[8], हमसाए
कि जैसे दुज़्दे-शब-गर्दां[9] कोई!
शाम से थे हसरतों के बन्दा-ए-बे-दाम[10] हम
पी रहे थे जाम पर हर जाम हम
ये समझकर जुरआ-ए-पिन्हाँ[11] कोई
शायद आख़िर इब्तिदा-ए-राज़[12] का ईमा[13] बने!
मतलब-आसाँ[14] हर्फ़[15] बे-मा'नी[16]
तबस्सुम[17] के हिसाबी ज़ाविए[18]
मत्न[19] के सब हाशिये[20]
जिनसे ऐशे-ख़ाम[21] के नक़्शे-रिया[22] बनते रहे!
और आख़िर बोद[23] जिस्मों में सरे-मू[24] भी न था
जब दिलों के दरमियाँ हाइल[25] थे संगीं[26] फ़ासले

---

1. होंठ; 2. उजाड़ वीराना; 3. चुम्बन; 4. बेजान; 5. कारख़ाना; 6. ईंधन; 7. आधी रात; 8. स्वप्न में खोया शहर; 9. रात में फिरनेवाला लुटेरा; 10. मुफ़्त का ग़ुलाम; 11. छिपा हुआ घूँट; 12. रहस्य का आरम्भ; 13. संकेत; 14. आसान; 15. अक्षर; 16. अर्थहीन; 17. मुस्कान; 18. कोण; 19. मूल लेख; 20. पृष्ठ के चारों ओर का किनारा; 21. कच्चे सुख; 22. आडम्बर के चिह्न; 23. दूर; 24. किंचित मात्र; 25. अड़चन; 26. कठोर

क़ुर्ब-ए-चश्मो-गोश[1] से हम कौन-सी उलझन को सुलझाते रहे!
कौन-सी उलझन को सुलझाते हैं हम?
शाम को जब अपनी ग़मगाहों[2] से दुज़्दाना[3] निकल आते हैं हम?
या ज़वाले-उम्र[4] का देवे-सुबुक-पा[5] रू-ब-रू[6]
या अना[7] के दस्तो-पा[8] को वुसअतों[9] की आरज़ू
कौन-सी उलझन को सुलझाते हैं हम?

1. आँख और कान का साथ; 2. दुख के घर; 3. चोरी-छिपे; 4. घटती उम्र; 5. हलके पैर वाला राक्षस; 6. सामने; 7. अहंकार; 8. हाथ और पैर; 9. फैलाव

दिल मिरे सहरा-नवर्दे-पीर[1] दिल

नग़मा-दर-जाँ[2] रक़्स[3] बरपा[4] ख़ंदा-बर-लब[5]
दिल तमन्नाओं के बे-पायाँ[6] अलाव के क़रीब
दिल मिरे सहरा-नवर्दे-पीर दिल
रेग[7] के दिलशाद[8] शहरी रेग तू
और रेग ही तेरी तलब
रेग की निकहत[9] तिरे पैकर[10] में तेरी जाँ में है
रेग सुब्ह-ए-ईद[11] के मानिंद ज़रताबो-जलील[12]
रेग सदियों का जमाल[13]
जश्न-ए-आदम[14] पर बिछड़कर मिलनेवालों का विसाल[15]
शौक़[16] के लम्हात[17] के मानिंद आज़ादो-अज़ीम[18]
रेग नग़मा-ज़न[19]
कि ज़र्रे[20] रेगज़ारों[21] की वो पाज़ेबे-क़दीम[22]
जिस पे पड़ सकता नहीं दस्ते-लईम[23]
रेगे-सहरा[24] ज़रगरी[25] की एक की लहरों से दूर
चश्मा-ए-मक्रो-रिया[26] शहरों से दूर
रेग शब-बेदार[27] है सुनती है हर जाबिर[28] की चाप

---

1. रेगिस्तान में भटकता एक सन्त; 2. प्राण गीत; 3. नृत्य; 4. होना; 5. होंठों पर मुस्कान; 6. असीम; 7. रेत; 8. ख़ुश; 9. ख़ुशबू; 10. छवि; 11. ईद की सुबह; 12. चमकती हुई, प्रकाशित; 13. सौन्दर्य; 14. मानव का जश्न; 15. मिलन; 16. प्रेम; 17. क्षण; 18. स्वतंत्र और महान; 19. गीत गाता हुआ; 20. कण; 21. रेगिस्तान; 22. पुरानी पाज़ेब; 23. कंजूस के हाथ; 24. रेगिस्तान की रेत; 25. सुनारगरी; 26. मक्कारी और पाखंड की आँखें; 27. रात को जागना; 28. ज़ालिम

रेग शब-बेदार है निगराँ[1] है मानिंदे-नक़ीब[2]
देखती है साया-ए-आमिर[3] की चाप
रेग हर अय्यार ग़ारत-गर[4] की मौत
रेग इस्तिब्दाद[5] के तुग़्याँ[6] के शोरो-शर[7] की मौत
रेग जब उठती है उड़ जाती है हर फ़ातेह[8] की नींद
रेग के नेज़ों[9] से ज़ख़्मी सब शहंशाहों के ख़्वाब
रेग ऐ सहरा[10] की रेग
मुझको अपने जागते ज़र्रों के ख़्वाबों की
नई ताबीर[11] दे
रेग के ज़र्रों उभरती सुब्ह तुम
आओ सहरा की हदों तक आ गया रोज़े-तरब[12]
दिल मिरे सहरा-नवर्दे-पीर दिल
आ चूम रेग
है ख़यालों के परी-ज़ादों[13] से भी मासूम रेग
रेगे-रक़्साँ[14] माहो-साल[15]-ए-नूर[16] तक रक़्साँ रहे
उसका अबरेशम[17] मुलाएम नर्म-ख़ू[18] ख़ंदाँ[19] रहे
दिल मिरे सहरा-नवर्दे-पीर दिल
ये तमन्नाओं का बे-पायाँ[20] अलाव[21]
राह गुम-कर्दों[22] की मशअ'ल[23] इसके लब पर—आओ! आओ!
तेरे माज़ी[24] के ख़ज़फ़[25] रेज़ों[26] से जागी है ये आग
आग की क़िर्मिज़[27] ज़बाँ पर इम्बिसाते-नौ[28] के राग
दिल मिरे सहरा-नवर्दे-पीर दिल
सरगिरानी[29] की शबे-रफ़्ता[30] से जाग
कुछ शरर-आग़ोश[31] सरसर[32] में हैं गुम

---

1. पहरेदार; 2. डुग्गी पीटनेवाले की तरह; 3. तानाशाह का साया; 4. लुटेरा; 5. अत्याचार; 6. तूफ़ान; 7. हंगामा; 8. विजेता; 9. भाला; 10. रेगिस्तान; 11. अभिप्राय; 12. ख़ुशी का दिन; 13. परियों की सन्तान, आसमानी; 14. नृत्य करती रेत; 15. महीने और साल; 16. प्रकाश; 17. रेशम; 18. नर्म ख़ून; 19. मुस्कुराता; 20. असीम; 21. जलती लकड़ियाँ; 22. खोए हुए लोग; 23. मशाल; 24. बीता हुआ समय; 25. ठीकरी; 26. कण; 27. मटमैला लाल रंग; 28. नई प्रसन्नता; 29. रोष; 30. बीती हुई रात; 31. प्रज्ज्वलित; 32. तेज़ हवा

और कुछ ज़ीना-ब-ज़ीना[1] शो'लों के मीनार[2] पर चढ़ते हुए
और कुछ तह[3] में अलाव की अभी
मुज़तरिब[4] लेकिन मुज़बज़ब[5] तिफ़्ल-ए-कमसिन[6] की तरह
आग ज़ीना आग रंगों का ख़ज़ीना[7]
आग उन लज़्ज़ात[8] का सर-चश्मा[9] है
जिससे लेता है ग़िज़ा[10] उश्शाक़[11] के दिल का तपाक[12]
चोबे-ख़ुश्क[13] अंगूर उसकी मय[14] है आग
सरसराती है रगों में ईद के दिन की तरह
आग काहिन[15] याद से उतरी हुई सदियों की ये अफ़्साना-ख़्वाँ[16]
आने वाले क़रनहा[17] की दास्तानें लब पे हैं
दिल मिरा सहरा-नवर्दे-पीर दिल सुनकर जवाँ
आग आज़ादी का दिलशादी का नाम
आग पैदाइश का अफ़्ज़ाइश[18] का नाम
आग के फूलों में नस्रीं[19] यासमन[20] सुम्बुल[21] शफ़ीक़ो-नस्तरन[22]
आग आराइश[23] का ज़ेबाइश[24] का नाम
आग वो तक़्दीस[25] धुल जाते हैं जिससे सब गुनाह
आग इंसानों की पहली साँस के मानिंद इक ऐसा करम
उम्र का इक तूल[26] भी जिसका नहीं काफ़ी जवाब
ये तमन्नाओं का बे-पायाँ अलाव गर न हो
इस लक़ो-दक़[27] में निकल आएँ कहीं से भेड़िये
इस अलाव को सदा रौशन रखो
रेगे-सहरा[28] को बशारत[29] हो कि ज़िन्दा है अलाव
भेड़ियों की चाप तक आती नहीं
आग से सहरा का रिश्ता है क़दीम[30]

---

1. सीढ़ी-दर-सीढ़ी; 2. स्तम्भ; 3. अन्दर की सतह; 4. बेचैन; 5. दुविधा में पड़ा; 6. नाबालिग लड़का; 7. खज़ाना; 8. आनन्द; 9. स्रोत; 10. ख़ुराक़; 11. आशिक़ लोग; 12. व्याकुलत; 13. सूखी लकड़ी; 14. शराब; 15. ज्योतिषी; 16. कहानी सुनानेवाली; 17. सदियाँ; 18. आगे बढ़ना; 19. सफ़ेद गुलाब; 20. चमेली का फूल; 21. गेहूँ की बाली; 22. सेवती का फूल; 23. साज-सज्जा; 24. सजना-सँवरना; 25. पवित्रता; 26. खिंचाव; 27. चटियल मैदान; 28. रेगिस्तान की रेत; 29. शुभ समाचार; 30. प्राचीन

आग से सहरा के टेढ़े रेंगनेवाले
गिरह-आलूद[1] ज़ोलीदा[2] दरख़्त
जागते हैं नग़मा-दर-जाँ[3] रक़्स बरपा ख़ंदा-बर-लब[4]
और मना लेते हैं तन्हाई में जश्न-ए-माहताब[5]
उनकी शाख़ें ग़ैर-मरई[6] तब्ल[7] की आवाज़ पर देती हैं ताल
बीख़-ओ-बुन[8] से आने लगती है ख़ुदावंदी[9] जलाजिल[10] की सदा
आग से सहरा का रिश्ता है क़दीम
रहरवों[11] सहरा-नवर्दों[12] के लिए है रहनुमा[13]
कारवानों[14] का सहारा भी है आग
और सहराओं की तन्हाई को कम करती है आग
आग के चारों तरफ़ पशमीना-ओ-दस्तार[15] में लिपटे हुए
अफ़्साना-गो[16]
जैसे गिर्दे-चश्म[17] मिज़्गाँ[18] का हुजूम
उनके हैरतनाक[19] दिलकश तजरबों से
जब दमक उठती है रेत
ज़र्रा-ज़र्रा बजने लगता है मिसाले-साज़े-जाँ[20]
गोश-बर-आवाज़[21] रहते हैं दरख़्त
और हँस देते हैं अपनी आरिफ़ाना[22] बे-नियाज़ी[23] से कभी
ये तमन्नाओं का बे-पायाँ अलाव गर न हो
रेग अपनी ख़ल्वते-बे-नूरो-ख़ुद-बीं[24] में रहे
अपनी यकताई[25] की तहसीं[26] में रहे
इस अलाव को सदा रौशन रखो
ये तमन्नाओं का बे-पायाँ अलाव गर न हो
एशिया अफ़्रीक़ा पहनाई[27] का नाम

---

1. उलझा हुआ; 2. बिखरा; 3. प्राण गीत; 4. मुस्काते होंठ; 5. चाँद का जश्न; 6. अदृश्य; 7. नगाड़ा; 8. जड़; 9. ईश्वरीय; 10. घंटियाँ; 11. मुसाफ़िर; 12. रेगिस्तान में भटकने वाले; 13. मार्गदर्शक; 14. यात्रियों का जत्था; 15. पश्मीना और पगड़ी; 16. कहानी सुनाने वाला; 17. आँख के चारों ओर; 18. पलक; 19. आश्चर्यजनक; 20. प्राण रूपी वाद्ययंत्र की तरह; 21. सुनने के लिए तैयार; 22. ब्रह्मज्ञानियों जैसा; 23. नि:स्वार्थ भाव; 24. अँधेरा एकान्त और अपनी नज़र में रहना; 25. एकत्व; 26. प्रशंसा; 27. विस्तार

बेकार पहनाई का नाम
यूरोप और अमरीका दाराई[1] का नाम
तकरारे-दाराई[2] का नाम
मेरा दिल सहरा-नवर्दे-पीर दिल
जाग उठा है मश्रिको-मग़रिब[3] की ऐसी यक-दिली[4]
के कारवानों का नया रूया[5] लिये
यक-दिली ऐसी कि होगी फ़हमे-इंसाँ[6] से वरा[7]
यक-दिली ऐसी कि हम सब कह उठें
इस क़दर उजलत[8] न कर
इज़्दिहामे-गुल[9] न बन
कह उठें हम
तू ग़मे-कुल[10] तो न थी
अब लज़्ज़ते-कुल[11] भी न बन
रोज़े-आसाइश[12] की बेदर्दी न बन
यक-दिली बन ऐसा सन्नाटा न बन
जिसमें ताबिस्ताँ[13] की दोपहरों की
बे-हासिल[14] कसालत[15] के सिवा कुछ भी न हो
इस जफ़ा-गर[16] यक-दिली के कारवाँ यूँ आएँगे
दस्ते-जादूगर[16] से जैसे फूट निकले हों तिलिस्म
इश्क़े-हासिल-ख़ेज़[18] से या ज़ोरे-पैदाई[19] से जैसे नागहाँ[20]
खुल गए हों मश्रिको-मग़रिब के जिस्म
जिस्म सदियों के अक़ीम[21]
कारवाँ फ़र्ख़न्दा-पय[22] और उनका बार
कीसा-कीसा[23] तख़्ते-जम[24] और ताजे-कै[25]

1. बादशाहत; 2. बादशाहत की तकरार; 3. पूर्व और पश्चिम; 4. सहमति; 5. स्वप्न; 6. इंसानों की समझ; 7. परे; 8. जल्दबाज़ी; 9. फूलों की भीड़; 10. सारा दुख; 11. सारी लज़्ज़त; 12. ख़ुशहाली का दिन; 13. गर्मी, गर्मी का मौसम; 14. निष्फल; 15. आलस्य; 16. बेवफ़ा; 17. जादूगर के हाथ; 18. उर्वरा इश्क़; 19. पैदा करने की ताक़त; 20. अचानक; 21. बाँझ; 22. मुबारक क़दम; 23. थैली; 24. जमशेद बादशाह का तख़्त; 25. ईरान के बादशाह का ताज

कूज़ा[1] कूज़ा फ़र्द[2] की सतवत[3] की मय
जामा[4] जामा रोज़-ओ-शब मेहनत का ख़य[5]
नग़मा[6] नग़मा हुर्रियत[7] की गर्म लय
सालिक[8]-ओ-फ़ीरोज़[9]-बख़्तो[10] आनेवाले क़ाफ़िलो
शहर से लौटोगे तुम तो पाओगे
रेत के सरहद पे जो रूहे-अबद[11] ख़्वाबीदा[12] थी
जाग उठी है शिकवा-हा-ए-नै[13] से वो
रेत की तह में जो शर्मीली सहर रोईदा[14] थी
जाग उठी है हुर्रियत की लै[15] से वो
इतनी दोशीज़ा[16] थी इतनी मर्दे-ना-दीदा[17] थी सुब्ह
पूछ सकते थे न उसकी उम्र हम
दर्द से हँसती न थी
ज़र्रों की रानाई पे भी हँसती न थी
एक महजूबाना[18] बे-ख़बरी[19] में हँस देती थी सुब्ह
अब मनाती है वो सहरा का जलाल[20]
जैसे इज़्ज़-ओ-जल[21] के पाँव की यही मेहराब[22] हो
ज़ेरे-मेहराब[23] आ गई हो उसको बेदारी[24] की रात
ख़ुद जनाबे-इज़्ज़-ओ-जल से जैसे उम्मीदे-ज़फ़ाफ़[25]
सारे ना-कर्दा[26] गुनाह इसके मुआफ़
सुब्ह-ए-सहरा[27] शादबाद[28]
ऐ उरूसे-इज़्ज़-ओ-जल[29] फ़र्ख़न्दा-रू[30] ताबिंदा-ख़ू[31]
तू इक ऐसे हुजरा-ए-शब[32] से निकलकर आई है
दस्ते-क़ातिल[33] ने बहाया था जहाँ हर सेज पर

---

1. मिट्टी के पात्र; 2. व्यक्ति; 3. शान; 4. वस्त्र; 5. क्षरण; 6. गीत; 7. आज़ादी; 8.-9.-10. सालिक-फ़ीरोज-बख़्त तीन ईरानी बादशाह; 11. नित्य आत्मा; 12. सोई-सोई; 13. बाँसुरी के शिकवे; 14. उगा हुआ; 15. धुन; 16. कँवारापन; 17. अदृश्य मर्द; 18. शर्मीलापन; 19. अनजानापन; 20. तेज; 21. ईश्वर महान; 22. द्वार पर अर्धमंडलाकार बनावट; 23. मेहराब के नीचे; 24. जागृत होना; 25. सुहागरात की उम्मीद; 26. न किये गए; 27. रेगिस्तान की सुबह; 28. ख़ुशहाल; 29. ख़ुदा की दुल्हन; 30. मुबारक चेहरा; 31. बेहतरीन आदत; 32. रात की कुटिया; 33. क़ातिल के हाथ

सैकड़ों तारों का रख़्शंदा[1] लहू फूलों के पास
सुब्ह-ए-सहरा सर मिरे ज़ानू[2] पे रखकर दास्ताँ
उन तमन्ना के शहीदों की न कह
उनकी नीमा-रस[3] उमंगों आरज़ूओं की न कह
जिनसे मिलने का कोई इम्काँ[4] नहीं
शहद तेरा जिनको नश्शे-जाँ[5] नहीं
आज भी कुछ दूर इस सहरा के पार
देव[6] की दीवार के नीचे नसीम[7]
रोज़-ओ-शब चलती है मुबहम[8] ख़ौफ़ से सहमी हुई
जिस तरह शहरों की राहों पर यतीम[9]
नग़्मा-बर-लब[10] ताकि उनकी जाँ का सन्नाटा हो दूर
आज भी इस रेग के ज़र्रों में हैं
ऐसे ज़र्रे आप ही अपने ग़नीम[11]
आज भी इस आग के शो'लों में हैं
वो शरर जो उसकी तह में पर-बुरीदा[12] रह गए
मिस्ल-ए-हर्फ़े-ना-शुनीदा[13] रह गए
सुब्ह-ए-सहरा ऐ उरूसे-इज़्ज़-ओ-जल
आ कि उनकी दास्ताँ दोहराएँ हम
उनकी इज़्ज़त उनकी अज़्मत गाएँ हम
सुब्ह रेत और आग हम सबका जलाल
यक-दिली के कारवाँ उनका जमाल
आओ
इस तहलील[14] के हल्क़े[16] में हम मिल जाएँ
आओ!
शाद-बाग़[16] अपनी तमन्नाओं का बे-पायाँ[17] अलाव

---

1. कान्तिमान; 2. घुटने; 3. अपरिपक्व; 4. सम्भावना; 5. जान का नशा; 6. राक्षस; 7. हवा; 8. अस्पष्ट; 9. बिना माँ-बाप के; 10. होंठों पर गीत लिये; 11. लुटेरा; 12. पंख तोड़े हुए; 13. न सुने गए अक्षर की तरह; 14. विलय; 15. घेरा; 16. आशीर्वाद फलने-फूलने का; 17. असीम

मेरे भी हैं कुछ ख़्वाब

ऐ इश्क़े-अज़लगीर[1]-ओ-अबदताब[2] मेरे भी हैं कुछ ख़्वाब
मेरे भी हैं कुछ ख़्वाब
उस दौर से इस दौर के सूखे हुए दरियाओं से
फैले हुए सहराओं से और शहरों के वीरानों से
वीरानागरों[3] से मैं हज़ीं[4] और उदास!
ऐ इश्क़े-अज़लगीरो-अबदताब
मेरे भी हैं कुछ ख़्वाब!
ऐ इश्क़े-अज़लगीरो-अबदताब मेरे भी हैं कुछ ख़्वाब
मेरे भी हैं कुछ ख़्वाब
वो ख़्वाब कि असरार[5] नहीं जिनके हमें आज भी मालूम
वो ख़्वाब जो आसूदगी-ए-मर्तबा-ओ-जाह[6] से
आलूदगी-ए-गर्दे-सरे-राह[7] से मासूम!
जो ज़ीस्त[8] की बेहूदा कशाकश[9] से भी होते नहीं मादूम[10]
ख़ुद ज़ीस्त का मफ़्हूम[11]!
ऐ इश्क़े-अज़लगीरो-अबदताब
ऐ काहिने-दानिशवरो-आली-गुहरो-पीर[12]
तूने ही बताई हमें हर ख़्वाब की ताबीर[13]

---

1. अमर प्रेम; 2. अनन्तकाल तक रौशन; 3. लुटेरे; 4. दुखी; 5. भेद; 6. ओहदे और प्रतिष्ठा से सन्तुष्ट; 7. रास्ते की धूल से दूषित होना; 8. ज़िन्दगी; 9. द्वंद्व; 10. क्षीण होना; 11. अर्थ; 12. ज्योतिषी-बुद्धिजीवी-सर्वोत्तम मोती-मार्गदर्शक; 13. स्वप्न की व्याख्या

तूने ही सुझाई ग़मे-दिलगीर[1] की तस्ख़ीर[2]
टूटी तिरे हाथों ही से हर ख़ौफ़ की ज़ंजीर
ऐ इश्क़े-अज़लगीरो-अबदताब, मेरे भी हैं कुछ ख़्वाब
मेरे भी हैं कुछ ख़्वाब
ऐ इश्क़े-अज़लगीरो-अबदताब
कुछ ख़्वाब कि मदफ़ून[3] हैं अज्दाद[4] के ख़ुद-साख़्ता[5] अस्मार[6] के नीचे
उजड़े हुए मज़हब[7] के बिना रेख़्ता[8] औहाम[9] की दीवार के नीचे
शीराज़[10] के मज्ज़ूबे-तुनक-जाम[11] के अफ़्कार[12] के नीचे
तहज़ीबे-निगूँ-सार[13] के आलाम[14] के अम्बार के नीचे
कुछ ख़्वाब हैं आज़ाद मगर बढ़ते हुए नूर से मरऊब[15]
ने[16] हौसला-ए-ख़ूब[17] है ने हिम्मते-ना-ख़ूब[18]
वो ज़ात[19] से बढ़कर नहीं कुछ भी उन्हें महबूब
हैं आप ही उस ज़ात के जारूब[20]
ज़ात से महजूब[21]!
कुछ ख़्वाब हैं जो गर्दिशे-आलात[22] से जोइंदा-ए-तमकीन[23]
है जिनके लिए बन्दगी-ए-क़ाज़ी-ए-हाजात[24] से इस दहर[25] की तज़ईन[26]
कुछ जिनके लिए ग़म की मुसावात[27] से इंसान की तामीन[28]
कुछ ख़्वाब कि जिनका हवसे-जौर[29] है आईन[30]
दुनिया है न दीन[31]!
कुछ ख़्वाब हैं परवर्दा-ए-अनवार[32] मगर उनकी सहर गुम
जिस आग से उठता है मोहब्बत का ख़मीर[33] उसके शरर[34] गुम
है कुल की ख़बर उनको मगर जुज़[35] की ख़बर गुम
ये ख़्वाब हैं वो जिनके लिए मर्तबा-ए-दीदा-ए-तर[36] हेच[37]

---

1. शोकग्रस्त दुख; 2. क़ाबू करना; 3. दफ़्न; 4. पूर्वज; 5. ख़ुद बनाया हुआ; 6. फल; 7. धर्म; 8. उर्दू भाषा; 9. वहम; 10. ईरान का एक शहर; 11. तेज़ जाम में सोख लिया गया; 12. विचार; 13. लज्जित संस्कृति; 14. दुख; 15. आतंकित; 16. न तो; 17. साहस; 18. हिम्मत जो बुरे के लिए हो; 19. अस्तित्व; 20. झाड़; 21. पर्दे में छुप जाना; 22. औज़ारों का चक्र; 23. शान्ति खोजनेवाला; 24. संसाधन मंत्री की बन्दगी; 25. दुनिया; 26. साज-सज्जा; 27. समान अधिकार; 28. संरक्षण; 29. अत्याचार की हवस; 30. संविधान; 31. धर्म; 32. रौशनी के पाले हुए; 33. संरचना; 34. चिनगारी; 35. हिस्सा; 36. भीगी आँख की पदवी; 37. तुच्छ

दिल हेच है सर इतने बराबर हैं कि सर हेच
अर्ज़े-हुनर[1] हेच!
ऐ इश्क़े-अज़लगीरो-अबदताब
ये ख़्वाब मिरे ख़्वाब नहीं हैं कि मिरे ख़्वाब हैं कुछ और
कुछ और मिरे ख़्वाब हैं कुछ और मिरा दौर
ख़्वाबों के नये दौर में ने मोरो-मलख़[2] ने असदो-सौर[3]
ने लज़्ज़ते-तस्लीमकसी[4] में न किसी को हवसे-जौर[5]
सबके नये तौर!
ऐ इश्क़े-अज़लगीरो-अबदताब
मेरे भी हैं कुछ ख़्वाब!
हर ख़्वाब की सौगंद!
हरचंद[6] कि वो ख़्वाब हैं सरबस्ता-ओ-रू-बन्द[7]
सीने में छुपाए हुए गोयाई-ए-दोशीज़ा-ए-लब-ख़ंद[8]
हर ख़्वाब में अज्साम[9] से अफ़्कार का, मफ़्हूम से गुफ़्तार[10] का पैवंद[11]
उश्शाक़[12] के लब-हा-ए-अज़ल-तिश्ना[13] की पैवस्तगी-ए-शौक़[14] के मानिंद
(ऐ लम्हा-ए-ख़ुर-संद[15])
ऐ इश्क़े-अज़लगीरो-अबदताब, मेरे भी हैं कुछ ख़्वाब
वो ख़्वाब हैं आज़ादी-ए-कामिल[16] के नये ख़्वाब
हर सई-ए-जिगर-दोज़[17] के हासिल के नये ख़्वाब
आदम[18] की विलादत[19] के नये जश्न पे लहराते जलाजिल[20] के नये ख़्वाब
इस ख़ाक की सतवत[21] की मनाज़िल[22] के नये ख़्वाब
या सीना-ए-गेती[23] में नये दिल के नये ख़्वाब
ऐ इश्क़े-अज़लगीरो-अबदताब
मेरे भी हैं कुछ ख़्वाब
मेरे भी हैं कुछ ख़्वाब!

---

1. कला का प्रदर्शन; 2. चींटी और टिड्डी; 3. शेर और बैल; 4. स्वीकार कर लेने की लज़्ज़त; 5. अत्याचार करने की हवस; 6. यद्यपि; 7. छिपा हुआ और बुर्क़ा डालना; 8. मुस्कुराते हुए कुँवारे होंठों की बातचीत; 9. कई शरीर; 10. बात; 11. चकती; 12. आशिक़; 13. आरम्भ से प्यासे होंठ; 14. वो शौक़ जो अन्दर तक धँसा हो; 15. प्रसन्न क्षण; 16. पूर्ण स्वतंत्रता; 17. दिल चीर देने वाली कोशिश; 18. मानव; 19. पैदाइश; 20. घुँघरू; 21. शान; 22. मंज़िलें; 23. ज़िन्दगी का सीना

बेकराँ[1] रात के सन्नाटे में

तेरे बिस्तर पे मिरी जान कभी
बेकराँ रात के सन्नाटे में
जज़्बा-ए-शौक़[2] से हो जाते हैं आज़ा[3] मदहोश
और लज़्ज़त[4] की गिराँबारी[5] से
ज़ेहन[6] बन जाता है दलदल किसी वीराने की
और कहीं इसके क़रीब
नींद, आग़ाज़े-ज़मिस्ताँ[7] के परिंदे की तरह
ख़ौफ़ दिल में किसी मौहूम[8] शिकारी का लिये
अपने पर तौलती है, चीख़ती है
बेकराँ रात के सन्नाटे में!
तेरे बिस्तर पे मिरी जान कभी
आरज़ूएँ तिरे सीने के कुहिस्तानों[9] में
ज़ुल्म सहते हुए हब्शी[10] की तरह रेंगती हैं!
एक लम्हे के लिए दिल में ख़याल आता है
तू मिरी जान नहीं
बल्कि साहिल के किसी शहर की दोशीज़ा[11] है
और तिरे मुल्क के दुश्मन का सिपाही हूँ मैं
एक मुद्दत से जिसे ऐसी कोई शब न मिली

---

1. असीम; 2. प्रेम-भाव; 3. अंग; 4. मज़ा; 5. भार; 6. दिमाग़; 7. सर्दी की शुरुआत; 8. काल्पनिक; 9. पहाड़; 10. नीग्रो; 11. कुँवारी

कि ज़रा रूह को अपनी वो सुबुक-बार[1] करे!
बे-पनाह ऐश के हैजान[2] का अरमाँ लेकर
अपने दस्ते[3] से कई रोज़ से मफ़रूर[4] हूँ मैं!
ये मिरे दिल में ख़याल आता है
तेरे बिस्तर पे मिरी जान कभी
बेकराँ रात के सन्नाटे में

1. हल्का; 2. बेचैनी; 3. टुकड़ी; 4. फ़रार

गुमाँ[1] का मुमकिन[2]—जो तू है मैं हूँ

करीम[3] सूरज
जो ठंडे पत्थर को अपनी गोलाई
दे रहा है
जो अपनी हमवारी[4] दे रहा है
(वो ठंडा पत्थर जो मेरे मानिंद
भूरे सब्ज़ों[5] में
दौरे-रेगो-हवा[6] की यादों में लोटता है)
जो बहते पानी को अपनी दरिया-दिली की
सरशारी[7] दे रहा है
वही मुझे जानता नहीं
मगर मुझी को ये वहम शायद
कि आप-अपना सुबूत अपना जवाब हूँ मैं!
मुझे वो पहचानता नहीं है
कि मेरी धीमी सदा
ज़माने की झील के दूसरे किनारे
से आ रही है
ये झील वो है कि जिसके ऊपर
हज़ारों इंसाँ
उफ़ुक़[8] के मुतवाज़ी[9] चल रहे हैं

---

1. कल्पना; 2. सम्भव; 3. कृपालु; 4. एकरूपता; 5. हरियाली; 6. रेत और हवा का दौर; 7. मस्ती; 8. क्षितिज; 9. साथ-साथ

उफ़ुक़ के मुतवाज़ी चलनेवालों को पार लाती हैं
वक़्त लहरें
जिन्हें तमन्ना, मगर, समावी[1] ख़िराम[2] की हो
इन्हीं को पाताल ज़मज़मों[3] की सदा सुनाती हैं
वक़्त लहरें
इन्हें डुबोती हैं वक़्त लहरें!
तमाम मल्लाह उस सदा से सदा हिरासाँ[4], सदा गुरेज़ाँ[5]
कि झील में इक उमूद[6] का चोर छुप के बैठा है
उसके गेसू[7] उफ़ुक़ की छत से लटक रहे हैं
पुकारता है : "अब आओ, आओ!
अज़ल[8] से मैं मुंतज़र[9] तुम्हारा
मैं गुम्बदों के तमाम राज़ों को जानता हूँ
दरख़्त[10] मीनार बुर्ज[11] ज़ीने[12] मिरे ही साथी
मिरे ही मुतवाज़ी चल रहे हैं
मैं हर हवाई-जहाज़ का आख़िरी बसेरा
समुन्दरों पर जहाज़-रानों[13] का मैं किनारा
अब आओ, आओ!
तुम्हारे जैसे कई फ़सानों को मैंने उनके
अबद[14] के आग़ोश में उतारा"
तमाम मल्लाह इसकी आवाज़ से गुरेज़ाँ
उफ़ुक़ की शहराहे-मुब्तज़िल[15] पर तमाम सहमे हुए ख़िरामाँ[16]
मगर समावी ख़िरामवाले
जो पस्तो-बाला[17] के आस्ताँ[18] पर जमे हुए हैं
उमूद के इस तनाब[19] ही से उतर रहे हैं
इसी को थामे हुए बुलन्दी पे चढ़ रहे हैं!
इसी तरह मैं भी साथ इनके उतर गया हूँ

---

1. आकाशीय; 2. चाल; 3. चहचहाना; 4. निराश; 5. दूर-दूर रहना; 6. खम्बा; 7. बाल; 8. आदिकाल; 9. जिसकी प्रतीक्षा की जा रही हो; 10. पेड़; 11. मीनार; 12. सीढ़ी; 13. जहाज़ का कप्तान; 14. अनन्त; 15. छोटी सी मुख्य सड़क; 16. सुन्दर चालवाले; 17. ढलान और शिखर; 18. चौखट; 19. तम्बू की रस्सी

और ऐसे साहिल पर आ लगा हूँ
जहाँ ख़ुदा के निशाने-पा[1] ने पनाह ली है
जहाँ ख़ुदा की ज़ईफ़[2] आँखें
अभी सलामत बची हुई हैं,
यही समावी ख़िराम मेरा नसीब निकला
यही समावी ख़िराम जो मेरी आरज़ू था
मगर न जाने
वो रास्ता क्यूँ चुना था मैंने
कि जिस पे ख़ुद से विसाल[3] तक का गुमाँ नहीं है?
वो रास्ता क्यूँ चुना था मैंने
वो रुक गया है दिलों के इबहाम[4] के किनारे?
वही किनारा कि जिसके आगे गुमाँ का मुमकिन
जो तू है मैं हूँ!
मगर ये सच है,
मैं तुझको पाने की (ख़ुद को पाने की) आरज़ू में निकल पड़ा था
उस एक मुमकिन की जुस्तुजू में
जो तू है मैं हूँ
मैं ऐसे चेहरे को ढूँढता था
जो तू है मैं हूँ
मैं ऐसी तसवीर के त'आक़ुब[5] में घूमता था
जो तू है मैं हूँ!
मैं इस त'आक़ुब में
कितने आग़ाज़[6] गिन चुका हूँ
(मैं उससे डरता हूँ जो ये कहता
है मुझको अब कोई डर नहीं है)
मैं इस त'आक़ुब में कितनी गलियों से,
कितने चौकों से,
कितने गूँगे मुजस्समों[7] से, गुज़र गया हूँ
मैं इस त'आक़ुब में कितने बाग़ों से,

1. पाँव के निशान; 2. बूढ़ा; 3. मिलन; 4. अस्पष्टता; 5. खोज; 6. आरम्भ; 7. मूर्तियाँ

कितनी अन्धी शराब रातों से,
कितनी बाँहों से,
कितनी चाहत के कितने बिफरे समुन्दरों से
गुज़र गया हूँ
मैं कितनी होशो-अमल[1] की शम्ओं से,
कितने ईमाँ के गुम्बदों से
गुज़र गया हूँ
मैं इस त'आक़ुब में कितने आग़ाज़ कितने अंजाम गिन चुका हूँ
अब इस त'आक़ुब में कोई दर[2] है
न कोई आता हुआ ज़माना
हर एक मंज़िल जो रह गई है
फ़क़त[3] गुज़रता हुआ फ़साना
तमाम रस्ते, तमाम बूझे सवाल, बे-वज़न[4] हो चुके हैं
जवाब, तारीख़[5] रूप धारे
बस अपनी तकरार[6] कर रहे हैं
जवाब हम हैं जवाब हम हैं
हमें यक़ीं है जवाब हम हैं
यक़ीं को कैसे यक़ीं से दोहरा रहे हैं कैसे!
मगर वो सब आप अपनी ज़िद हैं
तमाम, जैसे गुमाँ का मुमकिन
जो तू है मैं हूँ!
तमाम कुन्दे[7] (तू जानती है)
जो सतहे-दरिया[8] पे साथ दरिया के तैरते हैं
ये जानते हैं ये हादसा है
कि जिससे इनको,
(किसी को) कोई मफ़र[9] नहीं!
तमाम कुन्दे जो सतहे-दरिया पे तैरते हैं,
नहंग[10] बनना ये उनकी तक़दीर में नहीं है

---

1. चेतना और कर्म; 2. दरवाज़ा; 3. सिर्फ़; 4. औचित्यहीन; 5. इतिहास; 6. पुनरावृत्ति; 7. लकड़ी के गट्ठे; 8. दरिया की सतह; 9. फ़रार; 10. घड़ियाल

(नहंग की इब्तिदा में है इक नहंग शामिल
नहंग का दिल नहंग का दिल!)
न उनकी तक़दीर में है फिर से दरख़्त बनना
(दरख़्त की इब्तिदा में है इक दरख़्त शामिल
दरख़्त का दिल दरख़्त का दिल!)
तमाम कुंदों के सामने बन्द वापसी की
तमाम राहें
वो सतहे-दरिया पे जब्रे-दरिया[1] से तैरते हैं
अब इनका अंजाम घाट हैं जो
सदा से आग़ोश वा[427] किये हैं
अब इनका अंजाम वो सफ़ीने[3]
अभी नहीं जो सफ़ीनागर[4] के क़यास[5] में भी
अब उनका अंजाम
ऐसे औराक़[6] जिनपे हर्फ़े-सियह[7] छपेगा
अब उनका अंजाम वो किताबें
कि जिनके क़ारी[8] नहीं, न होंगे
अब उनका अंजाम ऐसे सूरतगरों[9] के पर्दे
अभी नहीं जिनके कोई चेहरे
कि उनपे आँसू के रंग उतरें,
और इनमें आइंदा[10]
उनके रूया[11] के नक़्श[12] भर दे
ग़रीब कुंदों के सामने बन्द वापसी की
तमाम राहें
बक़ा-ए-मौहूम[13] के जो रस्ते खुले हैं अब तक
है उनके आगे गुमाँ का मुमकिन
गुमाँ का मुमकिन जो तू है मैं हूँ!
जो तू है मैं हूँ

---

1. दरिया का ज़ुल्म; 2. खोलना; 3. कश्ती; 4. मल्लाह; 5. अटकल; 6. पन्ने; 7. काला अक्षर; 8. पाठक; 9. मूर्तिकार; 10. भविष्य; 11. स्वप्न; 12. चिह्न; 13. काल्पनिक अमरता

ख़ुदकुशी

कर चुका हूँ आज अज़्मे-आख़िरी[1]
शाम से पहले ही कर देता था मैं
चाटकर दीवार को नोके-ज़बाँ[2] से नातवाँ[3]
सुब्ह होने तक वो हो जाती थी दोबारा बुलंद,
रात को जब घर का रुख़ करता था मैं
तीरगी[4] को देखता था सरनिगूँ[5]
मुँह बिसोरे, रहगुज़ारों[6] से लिपटते, सोगवार[7]
घर पहुँचता था मैं इंसानों से उकताया हुआ
मेरा अज़्मे-आख़िरी ये है कि मैं
कूद जाऊँ सातवीं मंज़िल से आज!
आज मैंने पा लिया है ज़िन्दगी को बे-नक़ाब[8],
आता-जाता था बड़ी मुद्दत से मैं
एक इश्वासाज़-ओ-हर्ज़ाकार[9] महबूबा के पास
उसके तख़्ते-ख़्वाब[10] के नीचे मगर
आज मैंने देख पाया है लहू
ताज़ा-ओ-रख़्शाँ[11] लहू,
बू-ए-मय[12] में बू-ए-ख़ूँ[13] उलझी हुई!
वो अभी तक ख़्वाब-गह[14] में लौटकर आई नहीं

---

1. अन्तिम निश्चय; 2. जीभ की नोक; 3. कमज़ोर; 4. अँधेरा; 5. सर झुकाए; 6. रास्ते; 7. दुखी; 8. बिना नक़ाब के; 9. नाज़-नख़रे वाला और बेहूदा बातों का आदी; 10. स्वप्न पट्टी; 11. ताज़ा और चमकदार; 12. शराब की गंध; 13. ख़ून की गंध; 14. सोने का कमरा

और मैं कर भी चुका हूँ अपना अज़्मे-आख़िरी!
जी में आई है लगा दूँ एक बेबाकाना[1] जस्त[2]
उस दरीचे[3] में से जो
झाँकता है सातवीं मंज़िल से कू-ए-बाम[4] को!
शाम से पहले ही कर देता था मैं
चाटकर दीवार को नोके-ज़बाँ से नातवाँ
सुब्ह होने तक वो हो जाती थी दोबारा बुलन्द
आज तो आख़िर हम-आग़ोशे-ज़मीं[5] हो जाएगी!

---

1. निडर; 2. छलाँग; 3. खिड़की; 4. छतवाली गली; 5. धरती से मिल जाना

इस्राफ़ील[1] की मौत

मर्गे-इस्राफ़ील[2] पर आँसू बहाओ
वो ख़ुदाओं का मुक़र्रब[3] वो ख़ुदावंदे-कलाम[4]
सौते-इंसानी[5] की रूहे-जाविदाँ[6]
आसमानों की निदा-ए-बेकराँ[7]
आज साकित मिस्ल-ए-हर्फ़े-ना-तमाम[8]
मर्गे-इस्राफ़ील पर आँसू बहाओ
आओ इस्राफ़ील के इस ख़्वाबे-बे-हंगाम[9] पर आँसू बहाएँ
आर्मीदा[10] है वो यूँ क़र्ना[11] के पास
जैसे तूफ़ाँ ने किनारे पर उगल डाला उसे
रेगे-साहिल[12] पर चमकती धूप में चुपचाप
अपने सूर[13] के पहलू[14] में वो ख़्वाबीदा[15] है
उसकी दस्तार[16] उसके गेसू[17] उसकी रीश[18]
कैसे ख़ाक-आलूदा[19] हैं
थे कभी जिनकी तहें बूदो-नबूद[20]
कैसे उसका सूर, उसके लब से दूर
अपनी चीख़ों अपनी फ़रियादों में गुम

---

1. वह फ़रिश्ता जो क़यामत में सुर फूँकेगा; 2. इस्राफ़ील की मौत; 3. हमराज़; 4. सर्वोच्च वाणी; 5. इंसानों की आवाज़; 6. अमर आत्मा; 7. असीम आकाशवाणी; 8. कभी न ख़त्म होनेवाली बात; 9. शान्त स्वप्न; 10. विश्राम प्राप्त; 11. एक बाजा जो फूँककर बजाया जाता है—तुरही; 12. साहिल की रेत; 13. वह तुरही जो क़यामत के दिन इस्राफ़ील बजाएगा; 14. बग़ल; 15. सोया; 16. पगड़ी; 17. ज़ुल्फ़; 18. दाढ़ी; 19. मिट्टी में लिथड़ा; 20. होना और न होना

झिलमिला उठते थे जिससे दैरो-ज़ूद[1]
मर्गे-इस्राफ़ील पर आँसू बहाओ
वो मुजस्सम[2] हमहमा[3] था वो मुजस्सम ज़मज़मा[4]
वो अज़ल[5] से ता-अबद[6] फैली हुई ग़ैबी[7] सदाओं का निशाँ
मर्गे-इस्राफ़ील से
हल्क़ा[8] दर हल्क़ा फ़रिश्ते नौहागर[9]
इब्न-ए-आदम[10] ज़ुल्फ़-दर-ख़ाको-नज़ार[11]
हज़रते-यज़्दाँ[12] की आँखें ग़म से तार[13]
आसमानों की सफ़ीर[14] आती नहीं
आलमे-लाहूत[15] से कोई नफ़ीर[16] आती नहीं
मर्गे-इस्राफ़ील से
इस जहाँ पर बन्द आवाज़ों का रिज़्क़[17]
मुतरिबों[18] का रिज़्क़ और साज़ों का रिज़्क़
अब मुग़न्नी[19] किस तरह गाएगा और गाएगा क्या
सुनने वालों के दिलों के तार चुप
अब कोई रक़्क़ास[20] क्या थिरकेगा लहराएगा क्या
बज़्म के फ़र्शो-दरो-दीवार[21] चुप
अब ख़तीबे-शहर[22] फ़रमाएगा क्या
मस्जिदों के आस्तानो-गुम्बदो-मीनार[23] चुप
फ़िक्र का सय्याद[24] अपना दाम[25] फैलाएगा क्या
ताइराने-मंज़िलो-कोहसार[26] चुप
मर्गे-इस्राफ़ील है
गोशे-शुनवा[27] की लबे-गोया[28] की मौत
चश्मे-बीना[29] की दिले-दाना[30] की मौत

---

1. देर और जल्द; 2. देह; 3. गहमा-गहमी; 4. चहचहा; 5. अनादि; 6. अनन्त तक; 7. आसमानी; 8. समूह; 9. विलाप करना; 10. आदम का बेटा; 11. बाल में धूल की तरह और कमज़ोर; 12. ख़ुदा; 13. अँधेरा; 14. राजदूत; 15. ब्रह्मलोक; 16. बिगुल; 17. भोजन; 18. गायक; 19. गायक; 20. नृत्यांगना; 21. फ़र्श-दरवाज़ा-दीवार; 22. शहर का धर्मोपदेशक; 23. चौखट-गुम्बद-मीनार; 24. शिकारी; 25. जाल; 26. मंज़िल और पहाड़ के पंछी; 27. सुनने वाले के कान; 28. बोलते होंठ; 29. देखने वाली आँख; 30. समझदार दिल

थी उसी के दम से दरवेशों की सारी हाव-हू[1]
अहले-दिल[2] की अहले-दिल से गुफ़्तुगू
अहले-दिल जो आज गोशा-गीरो-सुर्मा-दर-गुलू[3]
अब तनाना-हू[4] भी ग़ाएब और यारब हा[5] भी गुम
अब गली-कूचों की हर आवा[6] भी गुम
ये हमारा आख़िरी मलजा[7] भी गुम
मर्गे-इस्राफ़ील से
इस जहाँ का वक़्त जैसे सो गया पथरा गया
जैसे कोई सारी आवाज़ों को यकसर[8] खा गया
ऐसी तन्हाई कि हुस्न-ए-ताम[9] याद आता नहीं
ऐसा सन्नाटा कि अपना नाम याद आता नहीं
मर्गे-इस्राफ़ील से
देखते रह जाएँगे दुनिया के आमिर[10] भी
ज़बाँ-बन्दी[11] के ख़्वाब
जिसमें मजबूरों की सरगोशी तो हो
उस ख़ुदावंदी[12] के ख़्वाब

---

1. शोर; 2. दिलवाले; 3. एकान्त में रहने वाला और गूँगा; 4. फ़क़ीरों का नारा; 5. या रब कहने वाले; 6. आवाज़; 7. सुरक्षित स्थान; 8. पूरा; 9. स्वाद का सौन्दर्य; 10. हाकिम; 11. बोलने की मनाही; 12. ख़ुदाई

ज़माना ख़ुदा है

'ज़माना ख़ुदा है उसे तुम बुरा मत कहो'
मगर तुम नहीं देखते—ज़माना फ़क़त[1] रीस्माने-ख़याल[2]
सुबुक-माया[3], नाज़ुक, तवील[4]
जुदाई की अर्ज़ा[5] सबील[6]!
वो सुब्हें जो लाखों बरस पेशतर[7] थीं,
वो शामें जो लाखों बरस बाद होंगी,
उन्हें तुम नहीं देखते, देख सकते नहीं
कि मौजूद हैं अब भी, मौजूद हैं वो कहीं
मगर ये निगाहों के आगे जो रस्सी तनी है
उसे देख सकते हो, और देखते हो
कि ये वो अदम[8] है
जिसे हस्त[9] होने में मुद्दत लगेगी
सितारों के लम्हे, सितारों के साल!
मेरे सेहन[10] में एक कमसिन बनफ़्शे[11] का पौदा है
तय्यारा[12] कोई कभी उसके सर पर से गुज़रे
तो वो मुस्कुराता है और लहलहाता है
गोया[13] वो तय्यारा, उसकी मोहब्बत में
अहदे-वफ़ा[14] के किसी जब्र-ए-ताक़त-रुबा[15] ही से गुज़रा!

---

1. सिर्फ़; 2. विचारों की डोर; 3. महत्त्वहीन; 4. लम्बा; 5. अभाव; 6. उपाय; 7. पूर्व; 8. शून्य; 9. होना; 10. आँगन; 11. बनफ़शे का फूल; 12. हवाई जहाज़; 13. जैसे; 14. प्यार का वादा; 15. सत्ता का ज़ोर

वो ख़ुश-एतिमादी[1] से कहता है
लो देखो, कैसे इसी एक रस्सी के दोनों किनारों
से हम तुम बँधे हैं!
ये रस्सी न हो तो कहाँ हममें तुममें
हो पैदा ये राहे-विसाल[2]?
मगर हिज्र[3] के उन वसीलों[4] को वो देख सकता नहीं
जो सरासर अज़ल[5] से अबद[6] तक तने हैं!
जहाँ ये ज़माना—हुनूज़-ए-ज़माना[7]
फ़क़त इक गिरह[8] है!

---

1. आत्मविश्वास; 2. मिलन का रास्ता; 3. जुदाई; 4. संसाधन; 5. अनादि; 6. अनन्त; 7. ज़माना जो अभी तक नहीं हुआ; 8. गाँठ

इज़हार[1] और रसाई[2]

मू-क़लम[3] साज़ गुले-ताज़ा[4] थिरकते पाँव
बात कहने के बहाने हैं बहुत
आदमी किससे मगर बात करे?
बात जब हीला-ए-तक़रीबे-मुलाक़ात[5] न हो
और रसाई कि हमेशा से है कोताह-कमंद[6]
बात की ग़ायते-ग़ायात[7] न हो!
एक ज़र्रा कफ़े-ख़ाकीस्तर[8] का
शररे-जस्ता[9] के मानिंद कभी
किसी अनजानी तमन्ना की ख़लिश[10] से मसरूर[11]
अपने सीने के दहकते हुए तन्नूर[12] की लौ से मजबूर
एक ज़र्रा कि हमेशा से है ख़ुद से महजूर[13]
कभी नैरंगे-सदा[14] बन के झलक उठता है
आबो-रंगो-ख़तो-मेहराब[15] का पैवंद[16] कभी
और बनता है मआनी[17] का ख़ुदावंद[18] कभी
वो ख़ुदावंद जो पा-बस्ता-ए-आनात[19] न हो!
इसी इक ज़र्रे की ताबानी[20] से

---

1. अभिव्यक्ति; 2. पहुँच; 3. कूची; 4. ताज़ा फूल; 5. मुलाक़ात के लिए पास आने का बहाना; 6. छोटा फंदा; 7. उद्देश्य का उद्देश्य; 8. मुट्ठी-भर धूल; 9. लपकती हुई चिनगारी; 10. चुभन; 11. मस्त; 12. आग की भट्ठी; 13. अलग किया हुआ; 14. आवाज़ का इंद्रजाल; 15. पानी-रंग-चिह्न-अर्धमंडल; 16. चकती; 17. अर्थ; 18. मालिक; 19. लम्हों का गिरफ़्तार; 20. चमक

किसी सोए हुए रक़्क़ास[1] के दस्तो-पा[2] में
काँप उठते हैं महो-साल[3] के नीले गिर्दाब[4]
इसी इक ज़र्रे की हैरानी से
शेर बन जाते हैं इक कूज़ागरे-पीर[5] के ख़्वाब
इसी इक ज़र्रा-ए-ला-फ़ानी[6] से
ख़िश्ते-बे-माया[7] को मिलता है दवाम[8]
बामो-दर[9] को वो सहर[10] जिसकी कभी रात न हो!
आदमी किससे मगर बात करे?
मू-क़लम, साज़ गुले-ताज़ा थिरकते पाँव
आदमी सोचता रह जाता है,
इस क़दर बार[11] कहाँ, किसके लिए, कैसे उठाऊँ
और फिर किसके लिए बात करूँ?

---

1. नृत्यांगना; 2. हाथ और पाँव; 3. महीना और साल; 4. भँवर; 5. बूढ़ा कुम्हार; 6. अमिट ज़र्रा; 7. तुच्छ ईंट; 8. स्थायित्व; 9. छत और दरवाज़ा; 10. सुबह; 11. भार

गुनाह और मोहब्बत

गुनाह के तुंदो-तेज़[1] शोलों से रूह मेरी भड़क रही थी
हवस की सुनसान वादियों में मिरी जवानी भटक रही थी
मिरी जवानी के दिन गुज़रते थे वहश-आलूद[2] इशरतों[3] में
मिरी जवानी के मयकदों[4] में गुनाह की मय छलक रही थी
मिरे हरीमे-गुनाह[5] में इश्क़ देवता का गुज़र नहीं था
मिरे फ़रेबे-वफ़ा[6] के सहरा[7] में हूरे-इस्मत[8] भटक रही थी
मुझे ख़से-नातवाँ[9] के मानिंद ज़ौक़े-इस्याँ[10] बहा रहा था
गुनाह की मौजे-फ़ित्ना-सामाँ[11] उठा-उठाकर पटक रही थी
शबाब[12] के अव्वलीं[13] दिनों में तबाहो-अफ़्सुर्दा[14] हो चुके थे
मिरे गुलिस्ताँ[15] के फूल जिनसे फ़ज़ा-ए-तिफ़्ली[16] महक रही थी
ग़रज़ जवानी में अहरमन[17] के तरब[18] का सामान बन गया मैं
गुनह की आलाइशों[19] में लुथड़ा हुआ इक इंसान बन गया मैं

मोहब्बत

और अब कि तेरी मोहब्बते-सरमदी[20] का बादा-गुसार[21] हूँ मैं
हवस-परस्ती[22] की लज़्ज़ते-बे-सबात[23] से शर्मसार हूँ मैं

---

1. तेज़-तर्रार; 2. जुनून से भरे; 3. सुख; 4. शराबख़ाना; 5. गुनाह का परिसर; 6. प्यार का धोखा; 7. रेगिस्तान; 8. इज़्ज़त की हूर; 9. कमज़ोर घास; 10. विद्रोह की ललक; 11. फ़साद को जन्म देनेवाली लहर; 12. जवानी; 13. शुरुआती; 14. तबाह और बुझ जाना; 15. बाग़; 16. लड़कपन की फ़ज़ा; 17. शैतान; 18. ख़ुशी; 19. गन्दगी; 20. दिव्य प्रेम; 21. शराब पीना; 22. हवस की उपासना; 23. क्षणिक आनन्द

मिरी बहीमाना[1] ख़्वाहिशों ने फ़रार[2] की राह ली है दिल से
और उनके बदले इक आरज़ू-ए-सलीम[3] से हम-कनार[4] हूँ मैं
दलीले-राहे-वफ़ा[5] बनी हैं ज़िया-ए-उल्फ़त[6] की पाक किरनें
फिर अपने फ़िरदौसे-गुमशुदा[7] की तलाश में रह-सिपार[8] हूँ मैं
हुआ हूँ बेदार[9] काँप कर इक मुहीब[10] ख़्वाबों के सिलसिले से
और अब नुमूदे-सहर[11] की ख़ातिर सितम-कशे-इंतिज़ार[12] हूँ मैं
बहारे-तक़्दीसे-जाविदाँ[13] की मुझे फिर इक बार आरज़ू है
फिर एक पाकीज़ा[14] ज़िन्दगी के लिए बहुत बे-क़रार हूँ मैं
मुझे मोहब्बत ने मासियत[15] के जहन्नमों से बचा लिया है
मुझे जवानी की तीरा-ओ-तार[16] पस्तियों[17] से उठा लिया है

---

1. वहशियाना; 2. पलायन; 3. पूर्ण इच्छा; 4. जुड़ जाना; 5. प्रेम-पंथ की दलील; 6. प्रेम प्रकाश; 7. खोई हुई जन्नत; 8. मुसाफ़िर; 9. जागृत; 10. डरावना; 11. सवेरा होना; 12. इन्तिज़ार का मारा; 13. अमर पवित्र बहार; 14. पवित्र; 15. उद्दंडता; 16. अँधियारी; 17. ढलान

साल-गिरह की रात

आज दरवाज़े खुले रहने दो
याद की आग दहक उट्ठी है
शायद इस रात हमारे शोहदा[1] आ जाएँ
आज दरवाज़े खुले रहने दो
जानते हो कभी तन्हा नहीं चलते हैं शहीद?
मैंने दरिया के किनारे जो परे देखे हैं
जो चराग़ों की लवें[2] देखी हैं
वो लवें बोलती थीं ज़िन्दा ज़बानों की तरह
मैंने सरहद पे वो नग़मात[3] सुने हैं कि जिन्हें
कौन गाएगा शहीदों के सिवा?
मैंने होंठों पे तबस्सुम[4] की नई तेज़ चमक देखी है
नूर जिसका था हलावत[5] से शराबोर[6]
अज़ानों की तरह!
अभी सरहद से मैं लौटा हूँ अभी,
मैं अभी हाँप रहा हूँ मुझे दम लेने दो
राज़ वो उनकी निगाहों में नज़र आया है
जो हमागीर[7] था नादीदा[8] ज़मानों की तरह!
याद की आग दहक उट्ठी है
सब तमन्नाओं के शहरों में दहक उट्ठी है

---

1. शहीद हो चुके लोग; 2. ज्योति; 3. गीत; 4. मुस्कुराहट; 5. मिठास; 6. भरपूर; 7. व्यापक; 8. अनदेखा

आज दरवाज़े खुले रहने दो
शायद इस रात हमारे शोहदा आ जाएँ!
वक़्त के पाँव उलझ जाते हैं आवाज़ की ज़ंजीरों से
उनकी झंकार से ख़ुद वक़्त झनक उठता है
नग़्मा मरता है कभी, नाला[1] भी मरता है कभी?
सनसनाहट कभी जाती है मोहब्बत के बुझे तीरों से?
मैंने दरिया के किनारे उन्हें यूँ देखा है
मैंने जिस आन में देखा है उन्हें
शायद इस रात,
इस शाम ही,
दरवाज़ों पे दस्तक देंगे!
शोहदा इतने सुबुक-पा[2] हैं कि जब आएँगे
न किसी सोए परिंदे को ख़बर तक होगी
न दरख़्तों से किसी शाख़ के गिरने की सदा गूँजेगी
फड़फड़ाहट किसी ज़ंबूर[3] की भी कम ही सुनाई देगी
आज दरवाज़े खुले रहने दो!
अभी सरहद से मैं लौटा हूँ अभी
पार जो गुज़रेगी उसका हमें ग़म ही क्यूँ हो?
पार क्या गुज़रेगी मालूम नहीं
एक शब जिसमें
परेशानी-ए-आलाम[4] से रूहों पे गिरानी[5] तारी
रूहें सुनसान यतीम
उन पे हमेशा की जफ़ाएँ भारी
बू-ए-काफ़ूर[6] अगर बस्ते घरों से जारी
बे-पनाह ख़ौफ़ में रूया-ए-शिकस्ता[7] की फ़ुग़ाँ[8] उट्ठेगी
बुझती शम्ओं का धुआँ उट्ठेगा
पार जो गुज़रेगी मालूम नहीं
अपने दरवाज़े खुले रहने दो

---

1. क्रन्दन; 2. धीमे पाँव; 3. भौंरा; 4. दुख की परेशानी; 5. भार; 6. काफ़ूर की गंध; 7. टूटे ख़्वाब; 8. दुहाई

तसव्वुफ़[1]

हम तसव्वुफ़ के ख़राबों[2] के मकीं
वक़्त के तूले-अलमनाक[3] के पर्वर्दा[4] हैं,
एक तारीक[5] अज़ल[6] नूरे-अबद[7] से ख़ाली!
हम जो सदियों से चले हैं
तो समझते हैं कि साहिल पाया
अपनी दिन-रात की पा-कूबी[8] का हासिल पाया
हम तसव्वुफ़ के निहाँख़ानों[9] में बसने वाले
अपनी पामाली[10] के अफ़्सानों पे हँसने वाले
हम समझते हैं निशाने-सरे-मंज़िल[11] पाया

---

1. सूफ़ीवाद, अध्यात्म; 2. वीराना; 3. दुखदायी प्रसार; 4. पाला हुआ; 5. अँधेरा; 6. अनादि; 7. अनन्त; 8. हाथ-पैर मारना; 9. तहख़ाना; 10. लुट जाना; 11. मंज़िल का निशान

चला आ रहा हूँ समुन्दरों के विसाल[1] से

चला आ रहा हूँ समुन्दरों के विसाल से
कई लज़्ज़तों का सितम लिये
जो समुन्दरों के फ़ुसूँ[2] में हैं
मिरा ज़ेहन[3] है वो सनम[4] लिए
वही रेगज़ार[5] है सामने
वही रेगज़ार कि जिसमें इश्क़ के आईने
किसी दस्ते-ग़ैब[6] से टूटकर
रहे-तारे-जाँ[7] में बिखर गए!
अभी आ रहा हूँ समुन्दरों की महक लिये
वो थपक लिये जो समुन्दरों की नसीम[8] में
है हज़ार रंग से ख़्वाब-हा-ए-ख़ुनुक[9] लिये
चला आ रहा हूँ समुन्दरों का नमक लिये
ये बरहनगी-ए-अज़ीम[10] तेरी दिखाऊँ मैं
(जो गदागरी[11] का बहाना है)
कोई राहरौ[12] हो तो उससे राह की दास्ताँ
मैं सुनूँ फ़साना समुन्दरों का सुनाऊँ मैं
(कि समुन्दरों का फ़साना इश्क़ की गुस्तरिश[13] का फ़साना है)
ये बरहनगी जिसे देखकर बढ़ें दस्तो-पा[14] न खुले ज़बाँ

---

1. मिलन; 2. जादू; 3. दिमाग़; 4. मूर्ति; 5. रेगिस्तान; 6. अदृश्य लोक के हाथ; 7. जान की रग की राह; 8. ठंडी हवा; 9. शीतल सपने; 10. महान नग्नता; 11. फ़क़ीरी; 12. मुसाफ़िर; 13. विस्तार देना; 14. हाथ और पैर

न ख़याल ही में रहे तवाँ[1]
तो वो रेगज़ार कि जैसे रहज़ने-पीर[2] हो
जिसे ताबे-राहज़नी[3] न हो
कि मिसाले-ताएरे-नीम-जाँ[4]
जिसे यादे-बालो-परी[5] न हो
किसी राहरौ से उमीदे-रहमो-करम[6] लिये
मैं भरा हुआ हूँ समुन्दरों के जलाल[7] से
चला आ रहा हूँ मैं साहिलों का हशम[8] लिये
है अभी इन्हीं की तरफ़ मिरा दरे-दिल[9] खुला
कि नसीमे-ख़ंदा[10] को रह मिले
मिरी तीरगी[11] को निगह मिले
वो सुरूरो-सोज़े-सदफ़[12] अभी मुझे याद है
अभी चाटती है समुन्दरों की ज़बाँ मुझे
मिरे पाँव छू के निकल गई कोई मौजे-साज़[13] ब-कफ़[14] अभी
वो हलावतें[15] मिरे हस्तो-बूद[16] में भर गईं
वो जज़ीरे[17] जिनके उफ़ुक़[18] हुजूमे-सहर[19] से दीद-बहार[20] थे
वो परिंदे अपनी तलब में जो सरे-कार[21] थे
वो परिंदे जिनकी सफ़ीर[22] में थीं रिसालतें[23]
अभी उस सफ़ीर की जल्वतें[24] मिरे ख़ूँ में हैं
अभी ज़ेहन है वो सनम लिये
जो समुन्दरों के फ़ुसूँ में हैं
चला आ रहा हूँ समुन्दरों के जमाल[25] से
सदफ़ो-कनार[26] का ग़म लिये

---

1. ताक़त; 2. बूढ़ा लुटेरा; 3. लूटने की ताक़त; 4. अधमरे पंछी की तरह; 5. पंख की याद; 6. रहम की उम्मीद; 7. तेज; 8. शान; 9. दिल का दरवाज़ा; 10. हँसती हुई हवा; 11. अँधेरा; 12. नशा और मोती का दर्द; 13. वो मौज जिसने हाथ में साज़ पकड़ा हो; 14. हाथ में लिये हुए; 15. मिठास; 16. होना और न होना; 17. द्वीप; 18. क्षितिज; 19. सुबह की भीड़; 20. आँखों के लिए बहार; 21. काम पर लगा हुआ; 22. खोली; 23. ईश्वरीय सन्देश; 24. प्रकटीकरण; 25. सौन्दर्य; 26. मोती और फैलाव

दूरी

मुझे मौत आएगी, मर जाऊँगा मैं,
तुझे मौत आएगी, मर जाएगी तू,
वो पहली शबे-मह[1] शबे-माहे-दो-नीम[2] बन जाएगी
जिस तरह साज़े-कोहना[3] के तारे-शिकस्ता[4] के दोनों सिरे
दूर उफ़ुक़ के किनारों के मानिंद
बस दूर ही दूर से थरथराते हैं और पास आते नहीं हैं
न वो राज़ की बात होंठों पे लाते हैं
जिसने मुग़न्नी[5] को दौरे-ज़मानो-मकाँ[6] से निकाला था,
बख़्शी थी ख़्वाबे-अबद[7] से रिहाई!
ये सच है तो फिर क्यूँ
कोई ऐसी सूरत, कोई ऐसा हीला[8] न था
जिससे हम आनेवाले ज़माने की आहट को सुनकर
वहीं उसकी यूरिश[9] को सपनों पे यूँ रोक लेते
कि हम तेरी मंज़िल नहीं, तेरा मलजा-ओ-मावा[10] नहीं हैं?
ये सोचा था शायद
कि ख़ुद पहले इस बो'द[11] के आफ़रीनिंदा[12] बन जाएँगे
अब जो इक बहरे-ख़मियाज़ा-कश[13] बन गया है!

---

1. चाँद रात; 2. आधे चाँद की रात; 3. पुराना वाद्य यंत्र; 4. टूटे तार; 5. गायक; 6. समय और देश का युग; 7. कभी न ख़त्म होनेवाला सपना; 8. बहाना; 9. हमला; 10. सुरक्षित जगह और ठिकाना; 11. फ़ासिला; 12. निर्माता; 13. उबासी लेनेवाला समुन्दर

तो फिर अज़-सरे-नौ मसर्रत[1] से, नौ-रस[2] नई फ़ातेहाना[3] मसर्रत से
पाएँगे भूली हुई ज़िन्दगी को
वही ख़ुद-फरेबी[4], वही अश्क-शोई[5] का अदना बहाना!
मगर अब वही बो'द सरगोशियाँ कर रहा है
कि तू अपनी मंज़िल को वापस नहीं जा सकेगा,
नहीं जा सकेगा
मुझे मौत आएगी, मर जाऊँगा मैं,
तुझे मौत आएगी, मर जाऊँगा मैं,
तुझे मौत आएगी, मर जाएगी तू,
ये इफ़रीत[6] पहले हज़ीमत[7] उठाएगा, मिट जाएगा!

---

1. पुनः ख़ुशी से; 2. रसीला; 3. विजयी; 4. स्वयं को धोखा देना; 5. सान्त्वना; 6. भूत; 7. क्रोध

तेल के सौदागर

बुख़ारा[1] समरक़ंद[2] इक ख़ाले-हिन्दू[3] के बदले!
बजा[4] है बुख़ारा समरक़ंद बाक़ी कहाँ हैं?
बुख़ारा समरक़ंद नींदों में मदहोश
इक नील-गूँ[5] ख़ामुशी के हिजाबों[6] में मस्तूर[7]
और रहरवों[8] के लिए उनके दर[9] बन्द
सोई हुई महजबीनों[10] की पलकों के मानिंद
रूसी 'हमा-ऊस्त'[11] के ताज़ियानों[12] से माज़ूर[13]
दो महजबीनें!
बुख़ारा समरक़ंद को भूल जाओ
अब अपने दरख़्शंदा[14] शहरों की
तहरान-ओ-मशहद[15] के सक़्फ़ो-दरो-बाम[16] की फ़िक्र कर लो
तुम अपने नये दौरे-होशो-अमल[17] के दिल-आवेज़[18] चश्मों[19] को
अपनी नई आरज़ूओं के इन ख़ूबसूरत किनायों[20] को
महफ़ूज़ कर लो!
इन ऊँचे दरख़्शंदा शहरों की
कोतह[21] फ़सीलों[22] को मज़बूत कर लो

---

1. रूसी तुर्किस्तान की राजधानी; 2. तुर्किस्तान का एक प्रसिद्ध नगर; 3. काले आदमी की ख़ाल; 4. उचित; 5. नीला; 6. पर्दा; 7. वर्णित; 8. मुसाफ़िर; 9. दरवाज़ा; 10. सुन्दरी; 11. 'सबकुछ वही है'; 12. चाबुक; 13. अपंग; 14. रौशन; 15. तेहरान और मशहद ईरान के नगर; 16. छत, दरवाज़ा, अटारी; 17. चेतना और क्रिया का दौर; 18. मनमोहक; 19. जलधारा; 20. संकेत; 21. छोटी; 22. चहारदीवारी

हर इक बुर्ज-ओ-बारो[1] पर अपने निगहबाँ[2] चढ़ा दो
घरों में हवा के सिवा
सब सदाओं की शमएँ बुझा दो!
कि बाहर फ़सीलों के नीचे
कई दिन से रहज़न[3] हैं ख़ेमा-फ़गन[4]
तेल के बूढ़े सौदागरों के लिबादे पहनकर
वो कल रात या आज की रात की तीरगी में
चले आएँगे बन के मेहमाँ
तुम्हारे घरों में
वो दावत की शब जामो-मीना[5] लुढाएँगे[6]
नाचेंगे गाएँगे
बे-साख़्ता[7] क़हक़हों हमहमों[8] से
वो गर्माएँगे ख़ूने-महफ़िल!
मगर पौ फटेगी
तो पलकों से खोदोगे ख़ुद अपने मुर्दों की क़ब्रें
बिसाते-ज़ियाफ़त[9] की ख़ाकिस्तरे-सोख़्ता[10] के किनारे
बहाओगे आँसू!
बहाए हैं हमने भी आँसू!
गो[11] अब ख़ाले-हिन्दू[12] की अर्ज़िश[13] नहीं है
इज़ारे-जहाँ[14] पर वो रिसता हुआ गहरा नासूर
अफ़रंग[15] की आज़े-ख़ूँ-ख़्वार[16] से बन चुका है
बहाए हैं हमने भी आँसू
हमारी निगाहों ने देखे हैं
सय्याल[17] सायों के मानिंद घुलते हुए शहर
गिरते हुए बामो-दर[18]
और मीनारो-गुम्बद[19]

---

1. मीनार गुम्बद; 2. पहरेदार; 3. लुटेरे; 4. तम्बू लगाए; 5. जाम और सुराही; 6. टकराना; 7. बेतहाशा; 8. गहमागहमी; 9. खाने की पंक्ति; 10. जले हुए अवशेष; 11. यद्यपि; 12. हिन्दू की ख़ाल (हिन्द का बासी और काला आदमी दोनों अर्थ है); 13. मूल्य; 14. दुनिया रूपी गाल; 15. अंग्रेज़; 16. ख़ूँख़्वार अंग; 17. तरल; 18. अटारी और दरवाज़ा; 19. मीनार और गुम्बद

मगर वक़्त मीनार है
और दुश्मन अब उसकी ख़मीदा[1] कमर से गुज़रता हुआ
उसके निचले उफ़क़ पर लुढ़कता चला जा रहा है
हमारे बरहना-ओ-काहीदा[2] जिस्मों ने
वो क़ैदो-बन्द[3] और वो ताज़ियाने सहे हैं
कि उनसे हमारा सितमगर
ख़ुद अपने अलाव में जलने लगा है!
मिरे हाथ में हाथ दे दो!
मिरे हाथ में हाथ दे दो!
कि देखी हैं मैंने
हिमाला-ओ-अलवंद[4] की चोटियों पर शुआएँ[5]
उन्हीं से वो ख़ुर्शीद[6] फूटेगा आख़िर
बुख़ारा समरक़ंद भी साल-हा-साल[7] से
जिसकी हसरत के दरयूज़ा-गर[8] हैं!

---

1. झुका हुआ; 2. नग्न व घिसकर छोटा हो जाना; 3. गुलामी; 4. हिमालय और ईरान का एक पहाड़; 5. किरणें; 6. सूरज; 7. साल-दर-साल; 8. भिखारी

दरीचे[1] के क़रीब

जाग ऐ शम्ए-शबिस्ताने-विसाल[2]
महफ़िले-ख़्वाब[3] के इस फ़र्शे-तरबनाक[4] से जाग!
लज़्ज़ते-शब[5] से तिरा जिस्म अभी चूर सही
आ मिरी जान मिरे पास दरीचे के क़रीब
देख किस प्यार से अनवारे-सहर[6] चूमते हैं
मस्जिदे-शहर[7] के मीनारों को
जिनकी रिफ़अत[8] से मुझे
अपनी बरसों की तमन्ना का ख़याल आता है
सीम-गूँ[9] हाथों से ऐ जान ज़रा
खोल मय-रंग[10] जुनूँ-ख़ेज़[11] आँखें
उसी मीनार को देख
सुब्ह के नूर से शादाब[12] सही
उसी मीनार के साए तले कुछ याद भी है
अपने बेकार ख़ुदा की मानिंद
ऊँघता है किसी तारीक[13] निहाँ-ख़ाने[14] में
एक अफ़्लास[15] का मारा हुआ मुल्ला-ए-हज़ीं[16]
एक इफ़रीत[17] उदास
तीन सौ साल की ज़िल्लत का निशाँ

---

1. खिड़की; 2. शयन-कक्ष का दीया; 3. सपनों की महफ़िल; 4. वह फ़र्श जो सुखदायी है; 5. रात का सुख; 6. सुबह की रौशनी; 7. शहर की मस्जिद; 8. शिखर; 9. चाँदी रंग; 10. शराब रंग; 11. जुनून से भरी; 12. लहलहाना; 13. अँधेरा; 14. तहख़ाना; 15. ग़रीबी; 16. दुखी मुल्ला; 17. प्रेत

ऐसी ज़िल्लत कि नहीं जिसका मुदावा[1] कोई
देख बाज़ार में लोगों का हुजूम
बे-पनाह सैल[2] के मानिंद रवाँ
जैसे जिन्नात[3] बयाबानों[4] में
मशअलें[5] ले के सरे-शाम[6] निकल आते हैं
उनमें हर शख़्स के सीने के किसी गोशे[7] में
एक दुल्हन-सी बनी बैठी है
टिमटिमाती हुई नन्ही-सी ख़ुदी की क़िंदील[8]
लेकिन इतनी भी तवानाई[9] नहीं
बढ़ के उनमें से कोई शोला-ए-जव्वाला[10] बने!
इन में मुफ़लिस भी हैं बीमार भी हैं
ज़ेरे-अफ़्लाक[11] मगर ज़ुल्म सहे जाते हैं
एक बूढ़ा-सा थका-माँदा सा रहवार[12] हूँ मैं
भूक का शाहसवार[13]
सख़्तगीर[14] और तनोमंद[15] भी है
मैं भी इस शहर के लोगों की तरह
हर शबे-ऐश[16] गुज़र जाने पर
ब-हर-ए-जमा-ए-ख़स-ओ-ख़ाशाक[17] निकल जाता हूँ
चर्ख़[18] गर्दां[19] है जहाँ
शाम को फिर उसी काशाने[20] में लौट आता हूँ
बेबसी मेरी ज़रा देख कि मैं
मस्जिदे-शहर के मीनारों को
इस दरीचे में से फिर झाँकता हूँ
जब उन्हें आलमे-रुख़्सत[21] में शफ़क़[22] चूमती है

---

1. इलाज; 2. तेज़ बाढ़; 3. जिन्न; 4. वीराना; 5. मशाल; 6. शाम में; 7. कोना; 8. मोमबत्ती; 9. ताक़त; 10. जलती आग का शोला; 11. आकाश के नीचे; 12. यात्री; 13. घुड़सवार; 14. क्रूर; 15. मज़बूत; 16. ऐश की रात; 17. तमाम घास-फूस के बावजूद; 18. आकाश; 19. घूमता हुआ; 20. छोटा घर; 21. जुदाई का आलम; 22. क्षितिज पर फैली लालिमा

अबू-लहब[1] की शादी

शबे-ज़िफ़ाफ़े[2]-अबू-लहब थी मगर ख़ुदाया वो कैसी शब थी
अबू-लहब की दुल्हन जब आई तो सर पे ईंधन गले में
साँपों के हार लाई न उसको मश्शातगी[3] से मतलब
न माँग ग़ाज़ा[4] न रंग रोग़न गले में साँपों
के हार उसके तो सर पे ईंधन
ख़ुदाया कैसी शबे-ज़फ़ाफ़े-अबू-लहब थी
ये देखते ही हुजूम बिफरा भड़क उठे यूँ ग़ज़ब
के शोले कि जैसे नंगे बदन पे जाबिर[5] के ताज़ियाने[6]
जवान लड़कों की तालियाँ थीं न सेहन[7] में शोख़[8]
लड़कियों के थिरकते पाँव थिरक रहे थे
न नग़्मा बाक़ी न शादयाने[9]
अबू-लहब ने ये रंग देखा लगाम थामी लगाई
महमेज़[10] अबू-लहब की ख़बर न आई
अबू-लहब की ख़बर जो आई तो साल-हा-साल[11] का ज़माना
ग़ुबार[12] बनकर बिखर चुका था
अबू-लहब अजनबी ज़मीनों के लालो-गौहर[13] समेटकर
फिर वतन को लौटा हज़ार तर्रारो-तेज़[14] आँखें पुराने
ग़ुर्फ़ों[15] से झाँक उट्ठीं हुजूम पीरो-जवाँ[16] का

1. इस्लाम का दुश्मन; 2. सुहागरात; 3. स्त्रियों का बनाव-सिंगार करना; 4. पाउडर; 5. अत्याचारी; 6. कोड़े; 7. आँगन; 8. चंचल; 9. बाजे; 10. ऐड़; 11. साल-दर-साल; 12. धूल; 13. हीरे-मोती; 14. तेज़-तर्रार; 15. झरोखे; 16. जवान-बूढ़े

गहरा हुजूम अपने घरों से निकला अबू-लहब के जुलूस
को देखने को लपका
अबू-लहब इक शबे-ज़िफ़ाफ़े-अबू-लहब का जला
फफूला[1] ख़याल की रेत का बगूला वो इश्क़े-बर्बाद
का हयूला[2] हुजूम में से पुकार उट्ठी अबू-लहब
तू वही है जिसकी दुल्हन जब आई तो सर पे ईंधन
गले में साँपों के हार लाई
अबू-लहब एक लम्हा ठिठका लगाम थामी लगाई
महमेज़ अबू-लहब की ख़बर न आई

---

1. फफोला; 2. परछाइयाँ

नमरूद[1] की ख़ुदाई

ये क़ुदसियों[2] की ज़मीं
जहाँ फ़लसफ़ी[3] ने देखा था, अपने ख़्वाबे-सहरगही[4] में,
हवा-ए-ताज़ा[5]-ओ-किश्ते-शादाब[6]-ओ-चश्मा-ए-जाँफ़रोज़[7] की आरज़ू का परतव[8]
यहीं मुसाफ़िर पहुँच के अब सोचने लगा है :
"वो ख़्वाबे-काबूस[9] तो नहीं था?
वो ख़्वाबे-काबूस तो नहीं था?
ऐ फ़लसफ़ा-गो[10],
कहाँ वो रूया-ए-आसमानी[11]?
कहाँ ये नमरूद की ख़ुदाई[12]!
तू जाल बुनता रहा है, जिनके शिकस्ता[13] तारों से अपने मौहूम[14] फ़लसफ़े के
हम उस यक़ीं से, हम उस अमल[15] से, हम उस मोहब्बत से,
आज मायूस हो चुके हैं!
कोई ये किससे कहे कि आख़िर
गवाह किस अदले-बेबहा[16] के थे अह्दे-तातार[17] के ख़राबे[18]?
अजम[19], वो मर्ज़े-तिलिस्मो-रंगो-ख़यालो-नग़मा[20]
अरब, वो इक़लीमे-शीरो-शहदो-शराबो-ख़ुर्मा[21]

---

1. एक क्रूर राजा जो अपने-आपको ख़ुदा कहता था; 2. फ़रिश्ते; 3. दार्शनिक; 4. सुबह का सपना; 5. ताज़ा हवा; 6. लहलहाते खेत; 7. अमृत की धारा; 8. छाया; 9. कुस्वप्न; 10. दार्शनिक; 11. आसमानी सपना; 12. शासन; 13. टूटे; 14. काल्पनिक; 15. कर्म; 16. मूल्यवान न्याय; 17. तातारियों का युग; 18. वीराना; 19. ग़ैर-अरब यानी फ़ारस आज का ईरान; 20. जादू, रंग, ख़याल और गीत की उपजाऊ धरती; 21. दूध, शहद, शराब और खजूर की सलतनत

फ़क़त[1] नवासंज[2] थे दरो-बाम के ज़ियाँ[3] के,
जो उन पे गुज़री थी
उससे बदतर दिनों के हम सैदे-नातवाँ[4] हैं!
कोई ये किससे कहे :
दरो-बाम[5],
आहनो-चोबो-संगो-सीमाँ[6] के
हुस्न-ए-पैवंद[7] का फ़ुसूँ[8] थे
बिखर गया वो फ़ुसूँ तो क्या ग़म?
और ऐसे पैवंद से उमीदे-वफ़ा[9] किसे थी!
शिकस्ते-मीना[10]-ओ-जामे-बरहक़[11],
शिकस्ते-रंगे-इज़ारे-महबूब[12] भी गवारा
मगर यहाँ तो खंडर दिलों के,
(ये नौ-ए-इंसाँ[13] की
कहकशाँ[14] से बुलंदो-बरतर[15] तलब[16] के उजड़े हुए मदाइन[17])
शिकस्ते-आहंगे-हर्फ़ो-मा'नी[18] के नौहागर[19] हैं!

---

1. सिर्फ़; 2. गायक; 3. नुक़सान; 4. कमज़ोर शिकार; 5. दरवाज़ा और छत; 6. लोहा, लकड़ी, पत्थर और सीमेंट; 7. चकती का सौन्दर्य; 8. जादू; 9. वफ़ा की उम्मीद; 10. टूटी हुई शराब की बोतल; 11. सच्चा जाम; 12. प्रेमिका के गालों का उड़ा हुआ रंग; 13. इन्सान की प्रजाति; 14. आकाशगंगा; 15. शिखर पर पहुँचे हुए; 16. इच्छा; 17. मदीना का बहुवचन (शहर); 18. लय, अक्षर, अर्थ का टूट बिखर जाना; 19. विलाप करते लोग

मन्न-ओ-सल्वा[1]

"ख़ुदा-ए-बरतर[2]
ये दारयूशे-बुज़ुर्ग[3] की सरज़मीं
ये नौ-शेरवाने-आदिल[4] की दादगाहें[5]
तसव्वुफ़ो-हिकमत[6]-ओ-अदब[7] के निगारख़ाने[8]
ये क्यूँ सियह-पोस्त[9] दुश्मनों के वजूद से
आज फिर उबलते हुए से नासूर बन रहे हैं?"
हम इसके मुजरिम नहीं हैं जाने-अजम[10] नहीं हैं
वो पहला अंग्रेज़
जिसने हिन्दोस्ताँ के साहिल पे
ला के रक्खी थी जिंसे-सौदागरी[11]
ये उसका गुनाह है
जो तिरे वतन की
ज़मीने-गुलपोश[12] को
हम अपने सियाह[13] क़दमों से रौंदते हैं!
ये शहर अपना वतन नहीं है
मगर फ़रंगी[14] की रहज़नी[15] ने
इसी से नाचार[16] हमको वाबस्ता[17] कर दिया है

---

1. ख़ुदा की तरफ़ से आनेवाला भोजन; 2. महान ईश्वर; 3. बूढ़ा धार्मिक भिक्षु; 4. फ़ारस का राजा जो न्यायप्रियता के लिए जाना जाता था; 5. अदालत; 6. अध्यात्म और नीति; 7. साहित्य; 8. चित्रालय; 9. काली चमड़ी; 10. फ़ारस की जान; 11. व्यापार रूपी वस्तु; 12. फूलों से ढँकी धरती; 13. काले; 14. अंग्रेज़; 15. राह में लूट लेना; 16. बेबस; 17. जोड़ देना

हम इसकी तहज़ीब[1] की बुलंदी की छिपकिली बन के रह गए हैं
वो राहज़न जो ये सोचता है
"कि एशिया है कोई अक़ीमो-अमीर[2] बेवा[3]
जो अपनी दौलत की बे-पनाही से मुब्तला[4] इक फ़िशार[5] में है
और उसका आग़ोशे-आरज़ूमंद[6] वा[7] मिरे इंतिज़ार में है
और एशियाई
क़दीम[8] ख़्वाजा-सराओं[9] की इक नज़ादे-काहिल[10]
अजल[11] की राहों पे तेज़गामी[12] से जा रहे हैं"
मगर ये हिन्दी[13]
गुरुसना-ओ-पा-बरहना[14] हिन्दी
जो सालिके-राह[15] हैं
मगर राहो-रस्मे-मंज़िल[16] से बे-ख़बर हैं
घरों को वीरान करके
लाखों सऊबतें[17] सह के
और अपना लहू बहाकर
अगर कभी सोचते हैं कुछ तो यही
कि शायद इन्हीं के बाज़ू
नजात[18] दिलवा सकेंगे मशरिक़[19] को
ग़ैर के बे-पनाह बिफरे हुए सितम से
ये सोचते हैं :
ये हादसा ही कि जिसने फेंका है
ला के उनको तिरे वतन में
वो आँच बन जाए
जिससे फुँक जाए
वो जरासीम[20] का अखाड़ा
जहाँ से हर बार जंग की बू-ए-तुंद[21] उठती है

1. सभ्यता; 2. बाँझ और दौलतमंद; 3. विधवा औरत; 4. डूबे हुआ होना; 5. उलझन; 6. इच्छुक गोद; 7. खुला होना; 8. प्राचीन; 9. हिजड़े; 10. काहिलों की नस्ल; 11. मृत्यु; 12. तेज़ क़दम; 13. हिन्दुस्तान के; 14. सिसकियाँ लेते हुए और नंगे पाँव; 15. सूफ़ी संत; 16. मंज़िल का तौर-तरीक़ा; 17. कष्ट; 18. मोक्ष; 19. पूर्व; 20. जीवाणु; 21. तेज़ गंध

और दुनिया में फैलती है!
मैं जानता हूँ
मिरे बहुत से रफ़ीक़[1]
अपनी उदास बेकार ज़िन्दगी के
दराज़-ओ-तारीक[2] फ़ासलों में
कभी-कभी भेड़ियों के मानिंद
आ निकलते हैं रहगुज़ारों[3] पे
जुस्तुजू[4] में किसी के दो 'साक़े-संदली[5]' की
कभी दरीचों की ओट में
नातवाँ[6] पतिंगों की फड़फड़ाहट पे
होश से बेनियाज़[7] होकर वो टूटते हैं
वो दस्ते-साइल[18]
जो सामने उनके फैलता है
इस आरज़ू में
कि उनकी बख़्शिश से
पारा-ए-नान[9] मन्न-ओ-सल्वा[10] का रूप भर ले
वही कभी अपनी नाज़ुकी से
वो रह सुझाता है
जिसकी मंज़िल पे शौक़[11] की तिश्नगी[12] नहीं है!
तू इन मनाज़िर[13] को देखती है!
तू सोचती है :
ये संग-दिल[14] अपनी बुज़दिली से
फ़िरंगियों[15] की मोहब्बते-नारवा[16] की ज़ंजीर में बँधे हैं
इन्हीं के दम से ये शहर उबलता हुआ-सा नासूर बन रहा है!
मोहब्बते-नारवा नहीं है
बस एक ज़ंजीर

1. दोस्त; 2. लम्बा और अँधेरा; 3. रास्ते; 4. ख़ोज; 5. चन्दन जैसी पिंडलियाँ; 6. कमज़ोर; 7. इच्छा से मुक्त; 8. माँगनेवाले के हाथ; 9. नान का टुकड़ा; 10. ईश्वरीय शक्ति की ओर से भेजा गया भोजन; 11. लगन; 12. प्यास; 13. दृश्य; 14. पत्थर दिल; 15. अंग्रेज़; 16. अनुचित प्रेम

एक ही आहनी[1] कमंदे-अज़ीम[2]
फैली हुई है
मशरिक़ के इक किनारे से दूसरे तक
मिरे वतन से तिरे वतन तक
बस एक ही अंकबूत[3] का जाल है कि जिसमें
हम एशियाई असीर[4] होकर तड़प रहे हैं
मुग़ूल[5] की सुब्ह-ए-ख़ूँ-फ़िशाँ[6] से
फ़रंग[7] की शामे-जाँ-सिताँ[8] तक!
तड़प रहे हैं
बस एक ही दर्दे-ला-दवा[9] में
और अपने आलामे-जाँगुज़ा[10] के
इस इश्तिराके-गिराँबहा[11] ने भी
हमको इक दूसरे से अब तक
क़रीब होने नहीं दिया है!

1. लोहेवाली; 2. बहुत बड़ा जाल; 3. मकड़ी; 4. ग़ुलाम; 5. मुग़ल; 6. ख़ून बरसाती सुबह; 7. अंग्रेज़; 8. जानलेवा शाम; 9. वो दर्द जिसकी दवा नहीं; 10. जानलेवा दुख; 11. बहुमूल्य गठजोड़

मिसिज़-साला-माँका[1]

ख़ुदा हश्र[2] में हो मददगार मेरा
कि देखी हैं मैंने मिसिज़-साला-माँका की आँखें
मिसिज़-साला-माँका की आँखें
कि जिनके उफ़ुक़[3] हैं जुनूबी[4] समुन्दर की नीली रसाई[5] से आगे
जुनूबी समुन्दर की नीली रसाई
कि जिसके जज़ीरे[6] हुजूमे-सहर[7] से दरख़्शाँ[8]
दरख़्शाँ जज़ीरों में ज़रताबो-उन्नाबो-क़ुर्मुज़[9] परिंदों की जौलाँगहें[10]
ऐसे फैली हुईं जैसे जन्नत[11] के दामाँ[12]
परिंदे अज़ल[13] और अबद[14] के महो-साल में बाल-अफ़्शाँ[15]!
ख़ुदा हश्र में हो मददगार मेरा
कि मैंने लिये हैं मिसिज़-साला-माँका के होंठों के बोसे
वो बोसे कि जिनकी हलावत[16] के चश्मे
शुमाली[17] ज़मीनों के ज़रताबो-उन्नाबो-क़ुर्मुज़ दरख़्तों
के मदहोश बाग़ों से आगे
जहाँ ज़िन्दगी के रसीदा[18] शगूफ़ों[19] के सीनों
से ख़्वाबों के रमदीदा[20] ज़ंबूर[21] लेते हैं रस और पीते हैं वो
कि जिसके नशे की जिला[22] से

---

1. स्पेन के शहर का नाम और श्रीमती सालामांका; 2. क़यामत; 3. क्षितिज; 4. दक्षिणी; 5. पहुँच; 6. द्वीप; 7. सुबह की भीड़; 8. रौशन; 9. सुनहरी, लाल बेरी, छोटे-छोटे लाल कीड़े जिन्हें सुखाकर रेशम रँगते हैं; 10. क्षेत्र; 11. स्वर्ग; 12. दामन; 13. अनादि काल; 14. अनन्त; 15. पर फैलाए; 16. मिठास; 17. उत्तरी; 18. पकी हुई; 19. कलियाँ; 20. आश्चर्यचकित; 21. भौंरे; 22. रौशनी

ज़मानों की नादीदा[1] मेहराब[2] के दो किनारों के नीचे
हैं यकबारगी[3] गूँज उठते ख़ला-ओ-मला[4] के जलाजिल[5]
जलाजिल के नग़मे बहम[6] ऐसे पैवस्त[7] होते हैं जैसे
मिसिज़-साला-माँका के लब मेरे लब से!
ख़ुदा हश्र में हो मददगार मेरा
कि देखा है मैंने
मिसिज़-साला-माँका को बिस्तर में शब भर बरहना[8]
वो गर्दन वो बाँहें वो रानें[9] वो पिस्ताँ[10]
कि जिनमें जुनूबी समुन्दर की लहरों के तूफ़ाँ
शुमाली दरख़्तों के बाग़ों के फूलों की ख़ुशबू
जहाँ दम-ब-दम[11] इत्र-ओ-तूफ़ाँ[12] बहम और गुरेज़ाँ[13]
मिसिज़-साला-माँका का जिस्मे-बरहना[14]
उफ़ुक़-ता-उफ़ुक़[15] जैसे अंगूर की बेल जिस की
ग़िज़ा[16] आसमानों का नूर और हासिल
वो लज़्ज़त कि जिसका नहीं कोई पायाँ[17]
ख़ुदा के सिवा कौन है पाक-दामाँ[18]!

---

1. अनदेखा; 2. चन्द्रमंडल; 3. एक बार; 4. शून्य; 5. झाँझ; 6. एक साथ; 7. धँसे हुए; 8. नग्न; 9. जाँघ; 10. वक्ष; 11. साँस-दर-साँस; 12. इत्र और तूफ़ान; 13. दूर जाते हुए; 14. नग्न शरीर; 15. क्षितिज-से-क्षितिज तक; 16. ख़ुराक; 17. सिरा; 18. पवित्र

गुनाह

आज फिर आ ही गया
आज फिर रूह पे वो छा ही गया
दी मिरे घर पे शिकस्त[1] आ के मुझे!
होश आया तो मैं दहलीज़ पे उफ़्तादा[2] था
ख़ाक-आलूदा[3]-ओ-अफ़्सुर्दा[4]-ओ-ग़मगीनो-नज़ार[5]
पारा-पारा[6] थे मिरी रूह के तार
आज वो आ ही गया
रौज़ने-दर[7] से लरज़ते[8] हुए देखा मैंने
ख़ुर्रमो-शाद[9] सरे-राह उसे जाते हुए
सालहा-साल से मसदूद[10] था याराना मिरा
अपने ही बादा से लबरेज़ था पैमाना मिरा
उसके लौट आने का इम्कान[11] न था
उसके मिलने का भी अरमान न था
फिर भी वो आ ही गया
कौन जाने कि वो शैतान न था
बेबसी मेरे ख़ुदावंद[12] की थी!

---

1. हार; 2. गिरा पड़ा हुआ; 3. मिट्टी में लथपथ; 4. मुरझाया; 5. दुखी और दुर्बल; 6. टुकड़े-टुकड़े; 7. दरवाज़े का छेद; 8. काँपते हुए; 9. ख़ुशी-ख़ुशी; 10. बन्द; 11. सम्भावना; 12. मालिक

मुकाफ़ात[1]

रही है हज़रते-यज़्दाँ[2] से दोस्ती मेरी
रहा है ज़ोहद[3] से याराना उस्तुवार[4] मेरा
गुज़र गई है तक़द्दुस[5] में ज़िन्दगी मेरी
दिल अहरमन[6] से रहा है सतीज़ाकार[7] मिरा
किसी पे रूह नुमायाँ[8] न हो सकी मेरी
रहा है अपनी उमंगों पे इख़्तियार[9] मिरा
दबाए रक्खा है सीने में अपनी आहों को
वहीं दिया है शबो-रोज़[10] पेचो-ताब[11] उन्हें
ज़बाने-शौक़[12] बनाया नहीं निगाहों को
किया नहीं कभी वहशत में बे-नक़ाब उन्हें
ख़याल ही में किया परवरिश गुनाहों को
कभी किया न जवानी से बहरायाब[13] उन्हें
ये मिल रही है मेरे ज़ब्त[14] की सज़ा मुझको
कि एक ज़हर से लबरेज़ है शबाब[15] मिरा
अज़ीयतों[16] से भरी है हर एक बेदारी[17]
मुहीबो-रूह-सताँ[18] है हर एक ख़्वाब मिरा
उलझ रही हैं नवाएँ[19] मेरे सरूदों[20] की

---

1. इन्तिक़ाम; 2. ख़ुदा; 3. तपस्या; 4. मज़बूत; 5. पवित्रता; 6. शैतान; 7. युद्धरत; 8. उजागर; 9. क़ाबू; 10. रात-दिन; 11. क्रोध जताना; 12. शौक़ की भाषा; 13. फ़ायदा उठाना; 14. धैर्य; 15. जवानी; 16. कष्ट; 17. जागृति; 18. डरावना और आत्मा को कष्ट देनेवाला; 19. आवाज़ें; 20. सरोद

फ़िशारे-ज़ब्त[1] से बे-ताब[2] है रबाब[3] मिरा
मगर ये ज़ब्त मेरे क़हक़हों का दुश्मन था
पयामे-मर्गे-जवानी[4] था इज्तिनाब[5] मिरा
लो आ गई हैं वो बनकर मुहीब[6] तसवीरें
वो आरज़ूएँ कि जिनका किया था ख़ूँ मैंने
लो आ गए हैं वही पैरवाने-अहरीमन[7]
किया था जिनको सियासत से सरनिगूँ[8] मैंने
कभी न जान पे देखा था ये अज़ाबे-अलीम[9]
कभी नहीं ऐ मेरे बख़्ते-वाज़गूँ[10] मैंने
मगर ये जितनी अज़िय्यत[11] भी दें मुझे कम है
किया है रूह को अपनी बहुत ज़ुबूँ[12] मैंने
इसे न होने दिया मैंने हम-नवा-ए-शबाब[13]
न इस पे चलने दिया शौक़ का फ़ुसूँ[14] मैंने
ऐ काश छुप के कहीं इक गुनाह कर लेता
हलावातों से जवानी को अपनी भर लेता
गुनाह एक भी अब तक किया न क्यूँ मैंने

---

1. धैर्य का दबाव; 2. बेचैन; 3. रुबाब; 4. जवानी की मौत का सन्देश; 5. बचना; 6. डरावनी; 7. शैतान को माननेवाले; 8. सिर झुकाना; 9. अत्यन्त दुखदायी; 10. मनहूस भाग्य; 11. कष्ट; 12. नीचे गिराना; 13. जवानी का साथी; 14. जादू

इज़हार

कैसे मैं भी भूल जाऊँ
ज़िन्दगी से अपना रब्ते-अव्वलीं[1]
एक दूर उफ़्तादा[2] क़र्ये[3] के क़रीब
इक जुनूँ-अफ़रोज़[4] शाम
नहर पर शीशम के अश्जारे-बुलन्द[5]
चाँदनी में इनकी शाख़ों के तले
तेरे पैमाने-मोहब्बत[6] का वो इज़हारे-तवील[7]
रूह का इज़हार थे बोसे[8] मिरे
जैसे मेरी शाइरी मेरा अमल
रूह का इज़हार कैसे भूल जाऊँ
कैसे कर डालूँ मैं जिस्मो-रूह को
आज बे-आहंगो-नूर[9]
तू कि थी उस वक़्त गुमनामी के ग़ारों[10] में निहाँ[11]
मेरे होंठों ही ने दी तुझको नजात[12]
अपनी राहों पर उठा लाया तुझे
ज़िन्दा-ए-जावेद[13] कर डाला तुझे
जैसे कोई बुत-तराश[14]
अपने बुत[15] को ज़िन्दगी के नूर से ताबाँ[16] करे

---

1. आरम्भिक सम्बन्ध; 2. गिरा पड़ा; 3. गाँव; 4. जुनून बढ़ाने वाली; 5. ऊँचे पेड़; 6. मोहब्बत का वादा; 7. लम्बा इज़हार; 8. चुम्बन; 9. बिना लय और रौशनी के; 10. खंदक; 11. छुपा हुआ; 12. मोक्ष; 13. अमर; 14. मूर्तिकार; 15. मूर्ति; 16. रौशन

उसको बर्ग-ओ-बार[1] देने के लिए
अपने जिस्मो-रूह को उर्यां[2] करे
मेरे बोसे रूह का इज़हार थे
रूह जो इज़हार ही से ज़िन्दा-ओ-ताबिंदा[3] है
है इसी इज़हार से हासिल मुझे क़ुर्ब-ए-हयात[4]
रूह का इज़हार कैसे भूल जाऊँ

1. फूल-पत्ती; 2. नग्न; 3. जीवित और रौशन; 4. ज़िन्दगी की नज़दीकी

समुन्दर की तह में

समुन्दर की तह में
समुन्दर की संगीन[1] तह में
है सन्दूक़
सन्दूक़ में एक डिबिया में डिबिया
में डिबिया
में कितने मआनी[2] की सुब्हें
वो सुब्हें कि जिन पर रिसालत[3] के दर[4]-बन्द
अपनी शुआओं[5] में जकड़ी हुई
कितनी सहमी हुई!
(ये सन्दूक़ क्यूँ कर गिरा?
न जाने किसी ने चुराया?
हमारे ही हाथों से फिसला?
फिसलकर गिरा?
समुन्दर की तह में मगर कब?
हमेशा से पहले
हमेशा से भी साल-हा-साल पहले?)
और अब तक है सन्दूक़ के गिर्द
लफ़्ज़ों की रातों का पहरा
वो लफ़्ज़ों की रातें
जो देवों[6] की मानिंद

---

1. गहरी; 2. अर्थ; 3. पैग़म्बरी; 4. दरवाज़े; 5. किरणें; 6. राक्षस

पानी के लसदार[1] देवों के मानिंद
ये लफ़्ज़ों की रातें
समुन्दर की तह में तो बसती नहीं हैं
मगर अपने लारैब[2] पहरे की ख़ातिर
वहीं रेंगती हैं
शबो-रोज़
सन्दूक़ के चारसू[3] रेंगती हैं
समुन्दर की तह में!
बहुत सोचता हूँ
कभी ये म'आनी की पाकीज़ा सुब्हों की परियाँ
रिहाई की उम्मीद में
अपने ग़व्वास[4] जादूगरों की
सदाएँ सुनेंगी?

---

1. चिपचिपे; 2. निश्चित; 3. चारों ओर; 4. ग़ोताखोर

हुज़्न-ए-इंसान[1]

(अफ़्लातूनी इश्क़ पर एक तंज़)

जिस्म और रूह में आहंग[2] नहीं
लज़्ज़त-अंदोज़े[3]-दिल-आवेज़ी-ए-मौहूम[4] है तो
ख़स्ता-ए-कशमकशे[5]-फ़िक्रो-अमल[6]
तुझको है हसरते-इज़्हारे-शबाब[7]
और इज़्हार से माज़ूरी[8] भी है
जिस्म नेकी के ख़यालात से मफ़रूर[9] भी है
इस क़दर सादा-ओ-मासूम है तू
फिर भी नेकी ही किये जाती है
कि दिलो-जिस्म के आहंग से महरूम[10] है तू
जिस्म है रूह की अज़्मत[11] के लिए ज़ीना-ए-नूर[12]
मम्बा-ए-कैफ़ो-सुरूर[13]
नारसा[14] आज भी है शौक़े-परस्तारे-जमाल[15]
और इंसाँ है कि है जादा-कशे-राहे-तवील[16]
(रूहे-यूनाँ[17] पे सलाम)
इक ज़मिस्ताँ[18] की हसीं रात का हंगामे-तपाक[19]
उसकी लज़्ज़ात[20] से आगाह[21] है कौन

---

1. इंसान का दुःख; 2. लय; 3. मज़ा देनावाला; 4. काल्पनिक आनन्द; 5. द्वन्द्व से टूटा हुआ; 6. चिन्ता और कर्म; 7. जवानी की अभिव्यक्ति की लालसा; 8. अक्षम; 9. पलायन करनेवाला; 10. अभावग्रस्त; 11. महानता; 12. रौशनी की सीढ़ी; 13. मस्ती और सुरूर का स्रोत; 14. पहुँच न सकना; 15. सौन्दर्य की उपासना का शौक़; 16. लम्बा रास्ता पकड़नेवाला; 17. यूनान की आत्मा; 18. सर्दी; 19. तीव्र गहमागहमी; 20. मज़े; 21. जानकार

इश्क़ है तेरे लिए नग़मा-ए-ख़ाम[1]
कि दिलो-जिस्म के आहंग[2] से महरूम[3] है तू
जिस्म और रूह के आहंग से महरूम है तू
वर्ना शब-हाए-ज़मिस्ताँ[4] अभी बेकार नहीं
और न बेसूद[5] हैं अय्यामे-बहार[6]
आह इंसाँ कि है वहमों[7] का परस्तार[8] अभी
हुस्न बेचारे को धोखा-सा दिये जाता है
ज़ौक़े-तक़्दीस[9] पे मजबूर किये जाता है
टूट जाएँगे किसी रोज़ मज़ामीर[10] के तार
मुस्कुरा दे कि है ताबिंदा[11] अभी तेरा शबाब[12]
है यही हज़रते-यज़्दाँ[13] के तमस्ख़ुर[14] का जवाब

---

1. कच्चा गीत; 2. लय; 3. अभावग्रस्त; 4. सर्दियों की रातें; 5. बेफ़ायदा; 6. बहार का मौसम; 7. वहम; 8. उपासक; 9. पवित्रता की चाह; 10. बाँसुरी; 11. रौशन; 12. जवानी; 13. ख़ुदा; 14. मज़ाक़

रेगे-दीरोज़[1]

हम मोहब्बत के ख़राबों[2] के मकीं[3]
वक़्त के तूले-अलमनाक[4] के पर्वर्दा[5] हैं
एक तारीक[6] अज़ल[7] नूरे-अबद[8] से ख़ाली
हम जो सदियों से चले हैं तो समझते हैं कि साहिल पाया
अपनी तहज़ीब[9] की पाकोबी[10] का हासिल पाया
हम मोहब्बत के निहाँख़ानों[11] में बसने वाले
अपनी पामाली[12] के अफ़्सानों पे हँसने वाले
हम समझते हैं निशाने-सरे-मंज़िल[13] पाया
हम मोहब्बत के ख़राबों के मकीं
कुंजे-माज़ी[14] में हैं बाराँ-ज़दा[15] ताइर[16] की तरह आसूदा[17]
और कभी फ़ितना-ए-नागाह[18] से डरकर चौंकें
तो रहें सद्दे-निगह[19] नींद के भारी पर्दे
हम मोहब्बत के ख़राबों के मकीं!
ऐसे तारीक ख़राबे कि जहाँ
दूर से तेज़ पलट जाएँ ज़िया[20] के आहू[21]
एक बस एक सदा गूँजती हो

---

1. बीते कल की रेत; 2. उजाड़; 3. रहनेवाले; 4. लम्बा दुखदायी अरसा; 5. पाले हुए; 6. अँधेरी; 7. अनादि; 8. अनन्त की रौशनी; 9. सभ्यता; 10. नृत्य; 11. व्यक्तिगत कमरा; 12. बर्बाद होना; 13. मंज़िल का निशान; 14. अतीत का कोना; 15. बारिश का मारा; 16. पंछी; 17. सन्तुष्ट; 18. अनदेखा उत्पात; 19. निगाह के लिए रुकावट यानी देखने के बीच दीवार बन जाना; 20. रौशनी; 21. हिरण

शबे-आलाम[1] की 'याहू! याहू'
हम मोहब्बत के ख़राबों के मकीं
रेगे-दीरोज़ में ख़्वाबों के शजर[2] बोते रहे
साया नापैद[3] था साये की तमन्ना के तले सोते रहे

1. दुखों की रात; 2. पेड़; 3. लुप्त

पहली किरन

कोई मुझको दौरे-ज़मानो-मकाँ[1] से निकलने की सूरत बता दो
कोई ये सुझा दो कि ह़ासिल है क्या हस्ती-ए-राएगाँ[2] से
कि ग़ैरों की तहज़ीब की उस्तुवारी[3] की ख़ातिर
अबस[4] बन रहा है हमारा लहू मोम्याई[5]
मैं उस क़ौम का फ़र्द[6] हूँ जिसके हिस्से में मेहनत-ही-मेहनत है नाने-शबीना[7] नहीं है
और उस पर भी ये क़ौम दिलशाद है शौकते-बास्ताँ[8] से
और अब भी है उम्मीदे-फ़र्दा[9] किसी साहिरे-बे-निशाँ[10] से
मिरी जाँ शबो-रोज़ की इस मशक़्क़त से तंग आ गया हूँ
मैं इस ख़िश्त-कोबी[11] से उकता गया हूँ
कहाँ हैं वो दुनिया की तज़ईन[12] की आरज़ूएँ
जिन्होंने तुझे मुझसे वाबस्ता-तर[13] कर दिया था
तिरी छातियों की जू-ए-शीर[14] क्यूँ ज़हर का इक समुन्दर न बन जाए
जिसे पी के सो जाए नन्ही-सी जाँ
जो इक छिपकिली बन के चिमटी हुई है तेरे सीना-ए-मेहरबाँ[15] से
जो वाक़िफ़ नहीं तेरे दर्दे-निहाँ[16] से
उसे भी तो ज़िल्लत[17] की पाबन्दगी[18] के लिए आला-ए-कार[19] बनना पड़ेगा
बहुत है कि हम अपने आबा[20] की आसूदा-कोशी[21] की पादाश[22] में

---

1. देश-काल का चक्र; 2. व्यर्थ जीवन; 3. मज़बूती; 4. बेकार; 5. मोम जैसा; 6. व्यक्ति; 7. रात की बासी रोटी; 8. पुरानी शान; 9. भविष्य की आशा; 10. नज़र न आनेवाले जादूगर; 11. ईंट कूटना; 12. सजावट; 13. जोड़ देना; 14. दूध की धारा; 15. मेहरबान सीना; 16. छुपा हुआ दर्द; 17. अपमान; 18. रोकथाम; 19. औज़ार; 20. पूर्वज; 21. सन्तुष्टि; 22. पैदावार

आज बे-दस्तो-पा[1] हैं
इस आइंदा[2] नस्लों की ज़ंजीरे-पा[3] को तो हम तोड़ डालें
मगर ऐ मिरी तीरा[4] रातों की साथी
ये शहनाइयाँ सुन रही हो
ये शायद किसी ने मसर्रत[5] की पहली किरन देख पाई
नहीं इस दरीचे[6] के बाहर तो झाँको
ख़ुदा का जनाज़ा लिये जा रहे हैं फ़रिश्ते
उसी साहिरे-बे-निशाँ[7] का
जो मग़रिब[8] का आक़ा[9] था मशरिक़[10] का आक़ा नहीं था
ये इंसान की बरतरी[11] के नये दौर के शादियाने[12] हैं सुन लो
यही है नये दौर का परतवे-अव्वलीं[13] भी
उठो और हम भी ज़माने की ताज़ा विलादत[14] के इस जश्न में
मिल के धूमें मचाएँ
शुआ'ओं[15] के तूफ़ान में बे-महाबा[16] नहाएँ

---

1. जिनके हाथ-पैर नहीं—अक्षम; 2. भविष्य की; 3. पाँव की बेड़ियाँ; 4. अँधेरी; 5. ख़ुशी; 6. खिड़की; 7. नज़र न आनेवाला जादूगर; 8. पश्चिम; 9. मालिक; 10. पूर्व; 11. विकास; 12. ब्याह-शादी पर बजनेवाला बाजा; 13. आरम्भिक छाया; 14. जन्म लेना; 15. किरणें; 16. बेधड़क

सितारे
(सॉनेट)

निकलकर जू-ए-नग़मा[1] ख़ुल्द-ज़ारे-माहो-अंजुम[2] से
फ़ज़ा की वुसअतों[3] में है रवाँ आहिस्ता-आहिस्ता
ब-सूए-नौहा-आबादे-जहाँ[4] आहिस्ता-आहिस्ता
निकलकर आ रही है इक गुलिस्ताने-तरन्नुम[5] से
सितारे अपने मीठे मधभरे हल्के तबस्सुम[6] से
किये जाते हैं फ़ितरत[7] को जवाँ आहिस्ता-आहिस्ता
सुनाते हैं उसे इक दास्ताँ आहिस्ता-आहिस्ता
दयारे-ज़िन्दगी[8] मदहोश है उनके तकल्लुम[9] से
यही आदत है रोज़े-अव्वलीं से उन सितारों की
चमकते हैं कि दुनिया में मसर्रत की हुकूमत हो
चमकते हैं कि इंसाँ फ़िक्र-ए-हस्ती[10] को भुला डाले
लिये है ये तमन्ना हर किरन उन नूरपारों[11] की
कभी ये ख़ाक-दाँ[12] गहवारा-ए-हुस्नो-लताफ़त[13] हो
कभी इंसान अपनी गुमशुदा जन्नत को फिर पा ले

---

1. गीत की धारा; 2. चाँद और सितारों का स्वर्ग; 3. फैलाव; 4. विलाप की तरफ़ आबाद जहान; 5. गुनगुनाना; 6. मुस्कान; 7. प्रकृति; 8. जीवन का क्षेत्र; 9. बात करना; 10. अस्तित्व की चिन्ता; 11. रौशनी के टुकड़े; 12. कूड़ा फेंकने की जगह; 13. सुन्दरता और कोमलता का झूलना, हिंडोला

वज़ीरे-चुनीं[1]

...तो जब सात सौ आठवीं रात आई
तो कहने लगी शहरज़ाद[2] :
"ऐ जवाँ-बख़्त[3]
शीराज़[4] में एक रहता था नाई;
वो नाई तो था ही
मगर उसको बख़्शा था क़ुदरत ने
इक और नादिर[5] गिराँतर[6] हुनर भी
कि जब भी
किसी मर्दे-दाना[7] का ज़ेहने-रसा[8]
ज़ंग-आलूदा[9] होने को आता
तो नाई को जाकर दिखाता
कि नाई दिमाग़ों का मशहूर माहिर था
वो कासा-ए-सर[10] से उनको अलग करके
उनकी सब आलाइशें[11] पाक करके
फिर अपनी जगह पर लगाने के फ़न में था कामिल[12]
ख़ुदा का ये करना हुआ
एक दिन
उसकी दुकाँ से

---

1. एक फ़ारसी वज़ीर; 2. शहरज़ाद नाम की औरत; 3. जिसका भाग्य उदय हो; 4. ईरान का शहर शीराज़; 5. अप्राप्य; 6. बेशक़ीमत; 7. बुद्धिमान मर्द; 8. तेज़ दिमाग़; 9. ज़ंग लग जाना; 10. सिर का कटोरा; 11. प्रदूषण; 12. सिद्ध

ईरान का इक वज़ीरे-कुहन-साल[1] गुज़रा
और उसने चाहा
कि वो भी ज़रा
अपने उलझे हुए ज़ेहन की
अज़सरे-नौ[2] सफ़ाई करा ले
किया कासा-ए-सर को नाई ने ख़ाली
अभी वो उसे साफ़ करने लगा था
कि नागाह[3] आकर कहा एक ख़्वाजा-सरा[4] ने :
"मैं भेजा गया हूँ जनाबे-वज़ारत-पनह[5] को बुलाने"
और उस पर
सरासीमा[6] होकर जो उट्ठा वज़ीर एकदम
रह गया पास दल्लाक[7] के मग़ज़[8] उसका
वो बे-मग़ज़[9] सर ले के दरबारे-सुल्ताँ[10] में पहुँचा
मगर दूसरे रोज़ उसने
जो नाई से आकर तक़ाज़ा[11] किया
तो वो कहने लगा :
"हैफ़[12]
कल शब पड़ोसी की बिल्ली
किसी रौज़ने-दर[13] से घुसकर
जनाबे-वज़ारत-पनह के
दिमाग़-ए-फ़लक-ताज़[14] को खा गई है
और अब हुक्मे-सरकार[15] हो तो
किसी और हैवान[16] का मग़ज़ लेकर लगा दूँ"
तो दल्लाक ने रख दिया
दानियाले-ज़माना के सर में
किसी बैल का मग़ज़ लेकर

---

1. पुराना मंत्री; 2. नये सिरे से; 3. अचानक; 4. हिजड़ा; 5. सम्माननीय रक्षा मंत्री; 6. घबराकर; 7. हज्जाम; 8. दिमाग़; 9. बिना दिमाग़ के; 10. सुलतान का दरबार; 11. आग्रह; 12. अफ़सोस; 13. दरवाजे का छेद; 14. भेजा; 15. सरकार का हुक्म; 16. राक्षस

तो लोगों ने देखा
जनाबे-वज़ारत-पनह अब
फ़रासत[1] में
दानिश[2] में
और कारोबारे-वज़ारत में
पहले से भी चाक़ो-चौबन्दतर[3] हो गए हैं!

---

1. चतुराई; 2. बुद्धि; 3. सतर्क

ये ख़ला[1] पुर[2] न हुआ

ज़ेहन[3] ख़ाली है
ख़ला नूर से या नग़मे से
या निकहते-गुमराह[4] से भी
पुर न हुआ
ज़ेहन ख़ाली ही रहा
ये ख़ला हर्फ़े-तसल्ली[5] से
तबस्सुम[6] से
किसी आह से भी पुर न हुआ
इक नफ़ी[7] लर्ज़िशे-पैहम[8] में सही
जोहदे-बेकार[9] के मातम में सही
हम जो नारस[10] भी हैं ग़मदीदा[11] भी हैं
इस ख़ला को
(इसी दहलीज़ पे सोए हुए
सरमस्त[12] गदा[13] के मानिंद)
किसी मीनार की तसवीर से
या रंग की झंकार से
या ख़्वाबों की ख़ुशबूओं से
पुर क्यूँ न करें?

---

1. शून्य; 2. भरना; 3. दिमाग़; 4. भटकी हुई ख़ुशबू; 5. तसल्ली के बोल; 6. मुस्कान; 7. कुछ कम करना; 8. हमेशा की लड़खड़ाहट; 9. बेकार का संयम; 10. अनुभव हीन; 11. दुखी; 12. फक्कड़; 13. फ़क़ीर

कि अजल[1] हमसे बहुत दूर
बहुत दूर रहे?
नहीं हम जानते हैं
हम जो नारस भी हैं ग़मदीदा भी हैं
जानते हैं कि ख़ला है वो जिसे मौत नहीं
किसलिए नूर से या नग़मे से
या हर्फ़े-तसल्ली से इसे 'जिस्म' बनाएँ
और फिर मौत की वारफ़्ता[2] पज़ीराई[3] करें?
नये हंगामों की तजलील[4] का दर[5] बाज़[6] करें
सुब्ह-ए-तकमील[7] का आग़ाज़ करें?

---

1. मौत; 2. आपे से बाहर; 3. प्रशंसा; 4. गुणगान; 5. दरवाज़ा; 6. खोलना; 7. पूर्णता का सवेरा

हमा-ऊस्त[1]

ख़याबाने-सादी[2] में
रूसी किताबों की दुक्कान पर हम खड़े थे
मुझे रूस के चीदा[3] सनअतगरों[4] के
नये कारनामों की इक उम्र से तिश्नगी[5] थी!
मुझे रूसियों के सियासी 'हमा-ऊस्त[6]' से कोई रग़बत[7] नहीं है
मगर ज़र्रे[8] ज़र्रे में
इंसाँ के जौहर[9] की ताबिंदगी[10] देखने की तमन्ना हमेशा रही है!
और उस शाम तो मुर्सिदा[11] की उरूसी[12] थी
उस शोख़ दीवानी लड़की की ख़ातिर
मुझे एक नाज़ुक-सी सौग़ात[13] की जुस्तुजू[14] थी
वो मेरा नया दोस्त ख़ालिद
ज़रा दूर तख़्ते[15] के पीछे खड़ी
इक तनौमंद[16] लेकिन फ़ुसूँकार[17]
क़ुफ़्क़ाज़[18] की रहनेवाली हसीना से शीरो-शकर[19] था!
ये भूका मुसाफ़िर
जो दस्ते[20] के साथ
एक ख़ेमे[21] में इक दूर-उफ़्तादा[22] सहरा[23] में

---

1. वही है सब कुछ; 2. मशहूर ईरानी कवि सा'दी के घर की ओर जाता हुआ रास्ता; 3. चुने हुए; 4. वास्तुकार; 5. प्यास; 6. सिर्फ़ वही है; 7. लगाव; 8. कण; 9. सारतत्त्व; 10. चमक; 11. एक लड़की का नाम; 12. दुल्हन बन जाना; 13. उपहार; 14. खोज; 15. तख़्त; 16. हृष्टपुष्ट; 17. जादू करनेवाली; 18. काकेकश का क्षेत्र; 19. घुल-मिल जाना; 20. लोगों का दस्ता; 21. डेरा; 22. दूर के; 23. रेगिस्तान

मुद्दत से उज़्लत-गुज़ी[1] था
बड़ी इल्तिजाओं[2] से
उस हूरे-क़ुफ़्क़ाज़[3] से कह रहा था :
"न-जाने कहाँ से मिला है
तुम्हारी ज़बाँ को ये शहद
और लहजे को मस्ती!
मैं कैसे बताऊँ
मैं किस दर्जा दिलदादा[4] हूँ रूसियों का
मुझे इश्तिराकी[5] तमद्दुन[6] से कितनी मोहब्बत है
कैसे बताऊँ!
ये मुमकिन है तुम मुझको रूसी सिखा दो?
कि रूसी अदीबों[7] की सरचश्मागाहों[8] को मैं देखना चाहता हूँ"
वो पर्वरदा-ए-इश्वा-बाज़ी[9]
कनखियों[10] से यूँ देखती थी
कि जैसे वो उन सरनिगूँ[11] आरज़ूओं को पहचानती हो
जो करती हैं अक्सर यूँही रू-शनासी[12]
कभी दोस्ती की तमन्ना
कभी इल्म की प्यास बनकर!
वो कूल्हे हिलाती थी हँसती थी
इक सोची-समझी हिसाबी लगावट से
जैसे वो उन ख़ुफ़िया सरचश्मागाहों के हर राज़ को जानती हो
वो तख़्ते के पीछे खड़ी क़हक़हे मारती लौटती थी
कहा मैंने ख़ालिद से :
बहरूपिए!
इस विलायत में ज़र्ब-ए-मसल[13] है

---

1. जल्दबाज; 2. विनती; 3. काकेशियाई हूर; 4. दीवाना; 5. घुली-मिली; 6. संस्कृतियाँ; 7. साहित्यकार; 8. जहाँ से चश्मे फूटते हैं; 9. नख़रों की पाली हुई; 10. तिरछी निगाहें; 11. सिर झुकाए; 12. पहचान करना; 13. लोकोक्ति

"कि ऊँटों की सौदागरी की लगन हो
तो घर उनके क़ाबिल बनाओ
और इस शहर में यूँ तो उसतानियाँ[1] अनगिनत[2] हैं
मगर उसकी उजरत[3] भला तुम कहाँ दे सकोगे!"
वो फिर मुज़्तरिब[4] हो के बे-इख़्तियारी[5] से हँसने लगी थी!
वो बोली "ये सच है
कि उजरत तो इक शाही[6] भर कम न होगी
मगर फ़ौजियों का भरोसा ही क्या है
भला तुम कहाँ बाज़ आओगे
आख़िर ज़बाँ सीखने के बहाने
ख़यानत[7] करोगे"
वो हँसती हुई
इक नये मुश्तरी[8] की तरफ़ मुल्तफ़ित[9] हो गई थी!
तो ख़ालिद ने देखा
कि रूमान[10] तो ख़ाक में मिल चुका है
उसे खींचकर जब मैं बाज़ार में ला रहा था
लगातार करने लगा वो मक़्लों[11] में बातें
"ज़बाँ सीखनी हो तो औरत से सीखो!
जहाँ भर में रूसी अदब का नहीं कोई सानी[12]
वो क़ुफ़्क़ाज़ की हूर मज़दूर औरत!
जो दुनिया के मज़दूर सब एक हो जाएँ
आग़ाज़ हो इक नया दौरा-ए-शादमानी[13]
मिरे दोस्तों में बहुत इश्तिराकी हैं
जो हर मोहब्बत में मायूस होकर
यूँही इक नये दौरा-ए-शादमानी की हसरत में
करते हैं दिलजूई[14] इक दूसरे की

---

1. उस्ताद औरत; 2. असंख्य; 3. मज़दूरी; 4. बेचैन; 5. ख़ूब; 6. ईरान का सिक्का; 7. बेईमानी; 8. ग्राहक; 9. मेहरबान; 10. रोमांस; 11. मुक़ाबले का; 12. द्वीतीय; 13. ख़ुशियों का दौर; 14. दिल बहलाने के लिए

और अब ऐसी बातों पे मैं
ज़ेरे-लब[1] भी कभी मुस्कुराता नहीं हूँ
और उस शाम जश्न-ए-उरूसी[2] में
हुस्न-ओ-मय-ओ-रक़्स-ओ-नग़्मा[3] के तूफ़ान बहते रहे थे
फ़रंगी-शराबें[4] तो अन्क़ा[5] थीं
लेकिन मय-ए-नाबे-क़ज़वीनो-ख़ुल्लारे-शीराज़[6] के दौरे-पैहम[7] से
रंगीं लिबासों से
ख़ुश्बू की बेबाक[8] लहरों से
बे-साख़्ता[9] क़हक़हों हमहमों[10] से
मज़ामीर[11] के ज़ेरो-बम[12] से
वो हंगामा बरपा था
महसूस होता था
तेहरान[13] की आख़िरी शब यही है!
अचानक कहा मुर्सिदा ने :
"तुम्हारा वो साथी कहाँ है?
अभी एक सोफ़े पे देखा था मैंने
उसे सर-ब-ज़ानू[14]!"
तो हम कुछ परेशान से हो गए
और कमरा-ब-कमरा उसे ढूँढने मिल के निकले!
लो इक गोशा-ए-नीम-रौशन[15] में
वो इश्तिराकी ज़मीं पर पड़ा था
उसे हम बुलाया किये और झिंझोड़ा किये
वो तो साकित[16] था जामिद[17] था!
रूसी अदीबों की सरचश्मागाहों[18] की उसको ख़बर हो गई थी

1. होंठों में; 2. दुल्हन का जश्न; 3. सौन्दर्य, शराब, नृत्य और गीत; 4. अंग्रेज़ी शराब; 5. ग़ायब; 6. शीराज़ और अजम की बनी हुई शराब; 7. लगातार चलते दौर; 8. बेरोक-टोक; 9. स्वाभाविक; 10. हंगामा; 11. बाँसुरी; 12. उतार-चढ़ाव; 13. तेहरान, ईरान की राजधानी; 14. घुटनों पर सर रखे; 15. थोड़ी-थोड़ी रौशनीवाला; 16. स्थिर; 17. जमा हुआ; 18. चश्मे फूटते हैं जहाँ से

वो हर्फ़े-तनहा[1]

हमारे आज़ा[2] जो आसमाँ की तरफ़ दुआ के लिए उठे हैं
(तुम आसमाँ की तरफ़ न देखो!)
मक़ामे-नाज़ुक[3] पे ज़र्ब-ए-कारी[4] से जाँ बचाने का है वसीला[5]
कि अपनी महरूमियों से छुपने का एक हीला[6]?
बुज़ुर्ग-ओ-बरतर[7] ख़ुदा कभी तो (बहिश्ते-बरहक़[8])
हमें ख़ुदा से नजात[9] देगा
कि हम हैं इस सरज़मीं पे जैसे वो हर्फ़े-तन्हा
(मगर वो ऐसा जहाँ न होगा) ख़मोशो-गोया[10]
जो आरज़ू-ए-विसाले-मा'नी[11] में जी रहा हो
जो हर्फ़े-मा'नी की यकदिली[12] को तरस गया हो
हमें मुअर्रा[13] के ख़्वाब दे दो
(कि सबको बख़्शें ब-क़द्र-ए-ज़ौक़े-निगह तबस्सुम[14])
हमें मुअर्रा की रूह का इज़्तिराब[15] दे दो
(जहाँ गुनाहों के हौसले से मिले तक़द्दुस[16] के दुख का मरहम)
कि उसकी बे-नूरो-तार[17] आँखें
दरूने-आदम[18] की तीरा रातों
को छेदती थीं

---

1. अकेला अक्षर; 2. शरीर के अंग; 3. नाज़ुक मक़ाम; 4. करारी चोट; 5. ज़रिया; 6. बहाना; 7. पूज्य वृद्ध और श्रेष्ठतर; 8. सच्चा स्वर्ग; 9. छुट्टी; 10. ख़ामोश और बोलता हुआ; 11. अर्थ के मिलन की आरज़ू; 12. एकत्व; 13. ख़ाली, टीका विहीन किताब; 14. मुस्कान; 15. बेचैनी; 16. पवित्र; 17. बहुत अँधेरी; 18. आदम के अन्दर

उसी जहाँ में फ़िराक़े-जाँ-काहे-हर्फ़ो-मा'नी[1]
को देखती थीं
बहिश्त[2] उसके लिए वो मासूम सादा-लौहों[3] की आफ़ियत[4] था
जहाँ वो नंगे बदन पे जाबिर[5] के ताज़ियानों[6] से बच के
राहे-फ़रार[7] पाएँ
वो कफ़्शे-पा[8] था कि जिससे ग़ुर्बत[9] की रेगे-बिर्यां[10]
से रोज़े-फ़ुर्सत[11] क़रार पाएँ
कि सुल्ब-ए-आदम[12] की रहमे-हव्वा[13] की उज़लतों[14] में
निहायते-इंतिज़ार[15] पाएँ!
(बहिश्त सिफ़्र-ए-अज़ीम[16] लेकिन हमीं वो गुमगश्ता[17] हिन्दसे[18] हैं
बग़ैर जिनके कोई मुसावात[19] क्या बनेगी
विसाले-मा'नी से हर्फ़ की बात क्या बनेगी?)
हम इस ज़मीं पर अज़ल[20] से पीराना-सर[21] हैं माना
मगर अभी तक हैं दिल तवाना[22]
और अपनी ज़ूलीदा-कारियों[23] के तुफ़ैल[24] दाना[25]
हमें मुअर्रा के ख़्वाब दे दो
(बहिश्त में भी नशात[26] यकरंग[27] हो तो ग़म है
हो एक सा जामे-शहद[28] सबके लिए तो सम[29] है)
कि हम अभी तक हैं इस जहाँ में वो हर्फ़े-तन्हा
(बहिश्त रख लो हमें ख़ुद अपना जवाब दे दो!)
जिसे तमन्ना-ए-वस्ल-ए-मा'ना[30]

---

1. शब्द और अर्थ का जानलेवा अलगाव; 2. स्वर्ग; 3. सादा मासूम लोग; 4. क़रार; 5. ज़ालिम; 6. कोड़ा; 7. पलायन की राह; 8. पाँव का जूता; 9. ग़रीबी; 10. भुनी हुई रेत; 11. फ़ुर्सत का दिन; 12. आदम की रीढ़; 13. हव्वा का रहम; 14. एकान्त; 15. प्रतीक्षा; 16. महान शून्य; 17. खोए हुए; 18. गिनती की संख्या; 19. समानता; 20. आरम्भ; 21. पुरातन अर्थ; 22. शक्तिशाली; 23. अस्पष्ट काम; 24. के चलते; 25. बुद्धिमान; 26. सुख; 27. एक रंग का, बोरिंग; 28. शहद का जाम; 29. ज़हर; 30. अर्थ के मिलन की चाह

ज़ंजीर

गोशा-ए-ज़ंजीर[1] में
इक नई जुम्बिश[2] हुवैदा[3] हो चली
संगे-ख़ारा[4] ही सही ख़ारे-मुग़ीलाँ[5] ही सही
दुश्मने-जाँ[6] दुश्मने-जाँ ही सही
दोस्त से दस्तो-गरेबाँ[7] ही सही
ये भी तो शबनम नहीं
ये भी तो मख़मल नहीं दीबा[8] नहीं रेशम नहीं
हर जगह फिर सीना-ए-नख़चीर[9] में
इक नया अरमाँ नई उम्मीद पैदा हो चली
हजला-ए-सीमीं[10] से तू भी पीला-ए-रेशम[11] निकल
वो हसीं और दूर-उफ़्तादा[12] फ़रंगी औरतें
तूने जिनके हुस्न-ए-रोज़-अफ़्ज़ूँ[13] की ज़ीनत[14] के लिए
सालहा[15] बे-दस्तो-पा[16] होकर बुने हैं तार-हा-ए-सीमो-ज़र[17]
उनके मर्दों के लिए भी आज इक संगीन जाल
हो सके तो अपने पैकर से निकाल
शुक्र है दुम्बाला-ए-ज़ंजीर[18] में

---

1. ज़ंजीर का छोर; 2. हलचल; 3. व्यक्त, ज़ाहिर; 4. एक प्रकार का खुरदरा और लाली लिये हुए पत्थर जो बहुत कड़ा होता है, चकमक पत्थर; 5. बबूल के काँटे; 6. जान का दुश्मन; 7. हाथापाई; 8. एक तरह का महीन कपड़ा, एक बारीक और चित्रित रेशमी कपड़ा; 9. किसी शिकार किये हुए इंसान का सीना; 10. चाँदनी का पर्दा; 11. रेशम का कीड़ा; 12. बिछड़ा हुआ, परदेसी; 13. हर दिन निखरनेवाली सुन्दरता; 14. ख़ूबसूरती, सुन्दरता; 15. हर साल; 16. बिना सिर-पैर के; 17. सोने-चाँदी के तार; 18. ज़ंजीर का छोर

इक नई जुम्बिश नई लर्ज़िश[1] हुवैदा हो चली
कोहसारों[2] रेगज़ारों[3] से सदा आने लगी
ज़ुल्म-पर्वर्दा[4] ग़ुलामो भाग जाओ
पर्दा-ए-शबगीर[5] में अपने सलासिल[6] तोड़कर
चारसू छाए हुए ज़ुल्मात[7] को अब चीर जाओ
और इस हंगामे-बाद-आवर[8] को
हीला-ए-शब-ख़ूँ[9] बनाओ

---

1. कम्पन, कँपकँपाना; 2. झरने; 3. रेगिस्तान; 4. अत्याचार सहनेवाले; 5. रात का पर्दा; 6. सिलसिले; 7. अँधेरे; 8. भयावह हंगामा (बाद-आवर—एक गुच्छेदार काँटों का पौधा जो पहाड़ों और रेगिस्तानों में उगता है); 9. रात में हमला करने की चाल

शायरे-दरमाँदा[1]

ज़िन्दगी तेरे लिए बिस्तरे-संजाबो-समूर[2]
और मेरे लिए अफ़रंग[3] की दरयूज़ागरी[4]
आफ़ियत-कोशी-ए-आबा[5] के तुफ़ैल[6]
मैं हूँ दरमाँदा-ओ-बे-चारा[7] अदीब[8]
ख़स्ता-ए-फ़िक्र-ए-मआश[9]
पारा-ए-नाने-जवीं[10] के लिए मोहताज हैं हम
मैं मिरे दोस्त मिरे सैकड़ों अरबाबे-वतन[11]
यानी अफ़रंग के गुलज़ारों के फूल
तुझे इक शायरे-दरमाँदा की उम्मीद न थी
मुझसे जिस रोज़ सितारा तिरा वाबस्ता हुआ
तू समझती थी कि इक रोज़ मिरा ज़ेहने-रसा[12]
और मिरे इल्मो-हुनर
बहरो-बर[13] से तिरी ज़ीनत के गुहर[14] लाएँगे
मेरे रस्ते में जो हाइल[15] हों मिरे तीरा-नसीब[16]
क्यूँ दुआएँ तिरी बेकार न जाएँ
तेरे रातों के सुजूद[17] और नियाज़[18]

---

1. बदहाल शायर; 2. महँगा बिस्तर; 3. अंग्रेज़; 4. भीख माँगना; 5. पूर्वजों की शान्ति से रहने की कोशिश; 6. किसी के अनुग्रह या कृपा के द्वारा प्राप्त होनेवाला साधन; 7. बदहाल और बेबस; 8. साहित्यकार; 9. रोज़ी-रोटी की चिन्ता से व्यथित; 10. जौ की रोटी का टुकड़ा; 11. वतन के लोग; 12. तेज़ दिमाग़; 13. धरती और समुद्र; 14. मोती; 15. पड़े हुए; 16. अभागी; 17. प्रार्थनाएँ; 18. चिन्ता

(उसका बाइस[1] मिरा इल्हाद[2] भी है)
ऐ मिरी शम्-ए-शबिस्ताने-वफ़ा[3]
भूल जा मेरे लिए
ज़िन्दगी ख़्वाब की आसूदा[4] फ़रामोशी[5] है
तुझे मालूम है मशरिक़[6] का ख़ुदा कोई नहीं
और अगर है तो सरा-पर्दा-ए-निस्यान[7] में है
तू 'मसर्रत' है मिरी तू मिरी 'बेदारी'[8] है
मुझे आग़ोश में ले
दो 'अना'[9] मिल के जहाँ-सोज़[10] बनें
और जिस अहद[11] की है तुझको दुआओं में तलाश
आप-ही-आप हुवैदा[12] हो जाए

---

1. कारण; 2. नास्तिकता; 3. प्रेम के शयनकक्ष की रौशनी; 4. सन्तुष्ट; 5. भूलने की अवस्था या भाव; 6. पूर्व दिशा; 7. भूल के परदे का घर; 8. जागते रहना; 9. गर्व, घमंड; 10. दुनिया को जलानेवाला; 11. दौर, युग; 12. व्यक्त, ज़ाहिर

रक़्स[1] की रात

रक़्स की रात किसी ग़म्ज़ा-ए-उर्या[2] की किरन
इसलिए बन न सकी राहे-तमन्ना[3] की दलील[4]
कि अभी दूर किसी देस में इक नन्हा चराग़
जिससे तनवीर[5] मिरे सीना-ए-ग़मनाक[6] में है
टिमटिमाता है इस अंदेशे में शायद कि सहर[7] हो जाए
और कोई लौट के आ ही न सके!
रक़्स की रात कोई दौरे-तरब[8]
बन न सकता था सितारों की ख़ुदाई गर्दिश[9]?
मेह्वरे-हाल[10] भी हो, जादा-ए-आइन्दा[11] भी
और दोनों में वो पैवस्तगी-ए-शौक़[12] भी हो
जो कभी साहिलो-दरिया[13] में न थी,
फिर भी हाइल रहे यूँ बो'अदे-अज़ीम[14]
लब हिलें और सुख़न आग़ाज़ न हो
हाथ बढ़ जाएँ मगर लामिसा[15] बेजान रहे?
तुझे मालूम नहीं,
अब भी हर सुब्ह दरीचे[16] में से यूँ झाँकता हूँ
जैसे टूटे हुए तख़्ते से कोई तीरा-नसीब[17]
सख़्त तूफ़ान में हसरत से उफ़ुक़[18] को देखे :

---

1. नृत्य; 2. स्पष्ट संकेत; 3. चाहत की राह; 4. तर्क; 5. चमक; 6. दुख से भरा हुआ दिल; 7. सुब्ह, प्रभात; 8. ख़ुशियों का दौर; 9. चक्कर, फेरे; 10. वर्तमान की धुरी; 11. भविष्य का मार्ग; 12. कभी न ख़त्म होनेवाली चाह; 13. किनारा और नदी; 14. अत्यधिक असमानता; 15. स्पर्शशक्ति; 16. खिड़कियाँ; 17. अन्धकारमय, क़िस्मत वाला; 18. क्षितिज

काश उभर आए कहीं से वो सफ़ीना[1] जो मुझे
इस ग़मे-मर्गे-तहे-आब[2] से आज़ाद करे
रक़्स की शब की मुलाक़ात से इतना तो हुआ
दामने-ज़ीस्त[3] से मैं आज भी वाबस्ता हूँ,
लेकिन इस तख़्ता-ए-नाज़ुक[4] से ये उम्मीद कहाँ
कि ये चश्मो-लबे-साहिल[5] को कभी चूम सके!

---

1. नाव; 2. पानी के अन्दर मौत का भय; 3. ज़िन्दगी का आँचल; 4. जर्जर नाव; 5. किनारे के आँख और होंठ

आग के पास

पीरे-वामाँदा[1] कोई
कोट पे मेहनत की सियाही[2] के निशाँ
नौजवाँ बेटे की गर्दन की चमक देखता हूँ
इक रक़ाबत[3] की सियह लहर बहुत तेज़
मिरे सीना-ए-सोज़ाँ[4] से गुज़र जाती है
जिस तरह ताक़ पे रक्खे हुए गुलदाँ[5] की
मसो-सीम[6] के कासों[7] की चमक
और गुलू[8] उलझे हुए तारों से भर जाता है
कोएले आग में जलते हुए
किन यादों की किस रात में
जल जाते हैं
क्या इन्हीं कानों की यादों में जहाँ
सालहा-साल ये आसूदा[9] रहे
उन्हीं बे-आब[10] दरख़्तों के वो जंगल
जिन्हें पीराना-सरी[11] बार हुई जाती थी
कोएले लाखों बरस दौर के ख़्वाबों में उलझ जाते हैं

आज शब भी वो बड़ी देर से
घर लौटा है

---

1. थका हुआ बुज़ुर्ग; 2. काली रोशनाई; 3. प्रतिद्वंद्विता; 4. धधकता हुआ सीना; 5. वह पात्र जिसमें फूल रखे जाते हैं; 6. चाँदी जैसा; 7. भिक्षापात्र; 8. गला; 9. सन्तुष्ट; 10. सूखा हुआ; 11. बुढ़ापा, बुज़ुर्गी

उसके अल्फ़ाज़ को
इन रंगों से आवाज़ों से क्या रब्त[1]
जो इस ग़मज़दा[2] घर के ख़सो-ख़ाशाक[3] में हैं
उसको इस मेज़ पे बिखरी हुई
ख़ुशबुओं के जंगल से ग़रज़
आज भी अपने अक़ीदे[4] पे ब-दस्तूर[5]
ब-ज़िद[6] क़ाएम है

वो दरख़्तों के तनोमंद[7] तने
अपने आइंदा के ख़्वाबों में असीर[8]
गर्दबाद[9] आ ही गए
उनकी रिहाई का वसीला बनकर
ख़ुद से महजूरी-ए-नागाह[10] का हीला[11] बनकर
आए और चल भी दिये
तूले-अलमनाक[12] की दहलीज़ पे
रुख़्सत[13] कहकर
और वो लाखों बरस सोच में
आइंदा के मौहूम[14] में ख़्वाबीदा[15] रहे

मेरे बेटे तुझे कुछ याद भी है
मैंने भी शोर मचाया था कभी
ख़ाक के बिगड़े हुए चेहरे के ख़िलाफ़
लहने-बेरंग[16] हुआ सुन के
मिरी जाँ भी पुकार उट्ठी थी
मैं कभी एक अना[17] और कभी दो का सहारा लेता
अपनी साथी से मैं कह उठता कि जागो ऐ जान

---

1. रिश्ता, सम्बन्ध; 2. उदास; 3. घास-फूस, तिनके; 4. विश्वास, श्रद्धा; 5. पहले की तरह, यथावत्; 6. हठ के साथ, ज़िद के साथ; 7. हृष्ट-पुष्ट; 8. क़ैद, बँधा हुआ; 9. उड़ती हुई धूल; 10. अचानक हुआ विरह; 11. बहाना; 12. कष्टदायक, गम्भीर दुख; 13. विदा; 14. काल्पनिक; 15. सपने देखना, नींद में; 16. बेमक़सद उगी हुई फँफूद; 17. गर्व, घमंड

हर अना तीरा-बयाबाँ[1] में
भटकते हुए पत्तों का हुजूम[2]
मेरा डर मुझको निगल जाएगा
मेरे कानों में मिरे कर्ब[3] की आवाज़
पलट आती थी
तुझे बेकार ख़ुदाओं पे यक़ीं
अब भी नहीं
अब भी नहीं

आज भी अपने ही इल्हाद[4] की कुर्सी में
पड़ा ऊँघता हूँ
नौजवाँ बेटे के अल्फ़ाज़ पे चौंक उठता हूँ
तूने बेटे
ये अजब ख़्वाब सुनाया है मुझे
अपना ये ख़्वाब किसी और से हरगिज़ न कहो
कभी आहिस्ता से दरवाज़ा जो खुलता है तो हँस देता हूँ
ये भी इस बात की सरसर[5] की
नई चाल नया धोखा है
फूल या परियाँ बनाने का कोई नुस्ख़ा
मिरे पास नहीं है बेटे
मुझे फ़र्दाओं[6] के सहरा से भी
अफ़्सूने-रिवायत[7] की लहक आती है
आग में कोएले बुझने की तमन्ना न करो
इन से आइंदा के मिटते हुए आसार[8]
उभर आएँगे
इन गुज़रते हुए लम्हात[9] की तन्हाई में
कैसा ये ख़्वाब सुनाया है मुझे तूने अभी

---

1. घनघोर वीराना; 2. समूह; 3. बेचैनी; 4. नास्तिकता; 5. सायँ-सायँ की आवाज़; 6. लोगों; 7. परम्पराओं की युक्ति; 8. सम्भावना; 9. लम्हों, क्षणों

नहीं हर एक से
हर एक से ये ख़्वाब कहो
इससे जाग उठता है
सोया हुआ मज्ज़ूब[1]
मिरी आग के पास
ऐसे मज्ज़ूब को इक ख़्वाब बहुत
ख़्वाब बहुत ख़्वाब बहुत
ऐसे हर मस्त को
इक ख़्वाब बहुत

1. डूबा हुआ, तल्लीन

आ लगी है रेत

आ लगी है रेत दीवारों के साथ
सारे दरवाज़ों के साथ
सुर्ख़[1] ईंटों की छतों पर रेंगती है
नीली-नीली खिड़कियों से झाँकती है
रेत
रेत रुक जा
खेल तय कर लें
सुनहरे ताश के पत्तों से दर्ज़ों[2]
रौज़नों[3] को बन्द कर लें रेत
रुक जा
सुस्त बरसातें कि जिन पर दौड़ पड़ना
जिनको दाँतों में चबा लेना
कोई मुश्किल न था
तूने वो सारी निगल डाली हैं रात
रात हम हँसते रहे ऐ रेत
तू दीवानी बिल्ली थी जो अपनी दुम के पीछे
घूमती जाती थी
उसको चाटती जाती थी रात
रेत की इक उम्र है इक वक़्त है
लेकिन हमें

1. लाल; 2. दरारें; 3. सूराख़, रौशनदान

ख़ुद से जुदा करती चली जाती है रेत
नागहाँ हम सब पे छा जाने की ख़ातिर
ये हमारी मौत बनकर ताज़ा कर देती है
यादें दूर की या देर की
रेत को मुट्ठी में लेकर देखते हैं
अपने पोरों से उसे छनते हुए
हम देखते हैं
अपने पाँव में फिसलते देखते हैं
रेत पर चलते हुए
अपने गेसू[1] से अट जाते हैं
भर जाते हैं पैराहन[2]
हमारे बातिनों[3] को चीरती जाती है रेत
फैलती जाती है जिस्मो-जाँ के हरसू[4]
हम पे घेरा डालती जाती है
रेत
रेत इक मुसबत[5] नफ़ी[6] थी
रेत सरहद थी कभी
रेत आरिफ़[7] की अज़िय्यत[8] का बदल थी
आँसुओं की ग़म की पहनाई[9] थी रेत
अपनी जूयाई[10] थी रेत
रेत में हरकस[11] थे हम
दूसरा कोई न था
रेत वो दुनिया थी जिस पर दुश्मनों की
मोहर लग सकती न थी
उसको अपना तक कोई सकता न था
रेत पर हम सुन रहे हैं आज

1. बाल; 2. वस्त्र, आवरण; 3. अन्दरून, आन्तरिक; 4. चारों तरफ़; 5. प्रमाणित, साबित; 6. नकारने वाला; 7. ध्यानी, ज्ञाता; 8. कष्ट; 9. पहनाने के बदले में दिया जानेवाला पारिश्रमिक; 10. खोज, तलाश; 11. हर कोई

पीराना-सरी[1] की अपनी तन्हाई
की चाप
दिन के साहिल पर उतर कर
आने वाली रात के तूदे[2] लगाती
जा रही है
नागहाँ[3] की बे-निहायत[4] को उड़ा लाई है
रेत
दिल के सूने-पन में दर आई है
रेत
रेत

---

1. बुढ़ापा, बुज़ुर्गी; 2. टीले; 3. अचानक; 4. जिसका अन्त न हो

वादी-ए-पिन्हाँ[1]

वक़्त के दरिया में उट्ठी थी अभी पहली ही लहर
चंद इंसानों ने ली इक वादी-ए-पिन्हाँ की राह
मिल गई उनको वहाँ
आग़ोशे-राहत[2] में पनाह
कर लिया तामीर[3] इक मौसीक़ी-ओ-इशरत[4] का शहर
मश्रिको-मग़रिब[4] के पार
ज़िन्दगी और मौत की फ़र्सूदा[5] शहराहों[6] से दूर
जिस जगह से आसमाँ का क़ाफ़िला लेता है नूर
जिस जगह हर सुब्ह को मिलता है ईमा-ए-जुहूर[7]
और बुने जाते हैं रातों के लिए ख़्वाबों के जाल
सीखती है जिस जगह पर्वाज़[8] हूर[9]
और फ़रिश्तों को जहाँ मलता है आहंगे-सुरूर[10]
ग़म-नसीब[11] अहरीमनों[12] को गिर्या-ए-आहो-फ़ुग़ाँ[13]
काश बतला दे कोई
मुझको भी इस वादी-ए-पिन्हाँ की राह
मुझको अब तक जुस्तुजू है
ज़िन्दगी के ताज़ा जौलाँ-गाह[14] की

---

1. छिपी हुई वादी; 2. सुख का आलिंगन; 3. निर्माण; 4. संगीत और आनन्द; 4. पूर्व और पश्चिम; 5. उदास; 6. प्रमुख बड़ी और चौड़ी सड़कें; 7. प्रकट होने का संकेत; 8. उड़ान; 9. परी; 10. नशे की लय; 11. जिसके भाग्य में दुख-ही-दुख लिखा हो; 12. दुष्ट; 13. रोना-धोना; 14. घोड़ा दौड़ाने का मैदान

कैसी बेज़ारी[1] सी है
ज़िन्दगी के कोहना[2] आहंगे-मुसलसल[3] से मुझे
सर-ज़मीने-ज़ीस्त[4] की अफ़्सुर्दा महफ़िल से मुझे
देख ले इक बार काश
उस जहाँ का मंज़रे-रंगीं[5] निगाह
जिस जगह है क़हक़हों का इक दरख़्शंदा[6] वफ़ूर[7]
जिस जगह से आसमाँ का क़ाफ़िला लेता है नूर
जिसकी रिफ़अत[8] देखकर ख़ुद हिम्मते-यज़्दाँ[9] है चूर
जिस जगह है वक़्त इक ताज़ा सुरूर[10]
जिस जगह अहरीमनों का भी नहीं कुछ इख़्तियार[11]
मश्रिको-मग़रिब के पार

1. दुख; 2. पुराना, पुरातन; 3. निरन्तर लय; 4. जीवन-भूमि; 5. रंगीन दृश्य; 6. चमकीला; 7. आधिक्य, बहुलता; 8. ऊँचाई, बुलन्दी; 9. यज़्दान की हिम्मत (यज़्दान—पारसी धर्म में ख़ुदा का एक नाम); 10. मादकता, ख़ुमार; 11. नियंत्रण

तमन्ना के तार

—तमन्ना के ज़ोलीदा[1] तार
गिरह-दर-गिरह हैं तमन्ना के नादीदा[2] तार

—सितारों से उतरे हैं कुछ लोग रात
वो कहते हैं : अपनी तमन्ना के ज़ोलीदा तारों को सुलझाओ
सुलझाओ अपनी तमन्ना के ज़ोलीदा तार
सितारों की किरनों की मानिंद सुलझाओ
मबादा[3] सितारों से बरसें वो तीर
कि रह जाए बाक़ी तमन्ना न तार
—तमन्ना के ज़ोलीदा तार
सितारों से उतरे हुए राहगीर[4]
कि है नूर-ही-नूर जिनका ख़मीर
तमन्ना से वाक़िफ़ नहीं—न उन पर अयाँ[5]
तमन्ना के तारों की ज़ोलीदगी ही का राज़!
तमन्ना हमारे जहाँ की जहाने-फ़ना[6] की मता-ए-अज़ीज़[7]
मगर ये सितारों से उतरे हुए लोग
सरे-रिश्ता-ए-नागुज़ीरे-अबद[8] में असीर[9]

---

1. बिखरे हुए; 2. अदृश्य; 3. ईश्वर न करे, कहीं ऐसा न हो; 4. यात्री; 5. व्यक्त; 6. नश्वर संसार; 7. प्रिय वस्तु; 8. कभी न टूटनेवाला रिश्ता, अटल रिश्ता; 9. क़ैद

—हम उनसे ये कहते हैं : ऐ अहले-मिर्रीख़[1]
(जाने वो किन-किन सितारों से हैं)
अदब[2] से ख़ुशामद से कहते हैं ऐ मोहतरम[3] अहले-मिर्रीख़
क्या तुम नहीं देखते इन तमन्ना के ज़ोलीदा तारों के रंग?
मगर उनको शायद कि रंगों से रग़बत[4] नहीं
कि रंगों की उनको फ़रासत[5] नहीं!
है रंगों के बारे में उनका ख़याल और—
उनका फ़िराक़ो-विसाल[6] और—
उनके महो-साल[7] और—

—बड़ी सादगी से ये कहते हैं हम :
मोहतरम अहले-मिर्रीख़ देखे नहीं
कभी तुमने ज़ोलीदा बाँहों के रंग?
मोहब्बत में सरख़ुश[8] निगाहों के रंग?
गुनाहों के रंग?...

1. मंगल ग्रह के लोग; 2. शिष्टाचार; 3. महोदय; 4. रिश्ता, सम्बन्ध; 5. समझ; 6. मिलन और विरह; 7. महीने और साल; 8. मग्न

एक दिन लारेंस बाग़ में

बैठा हुआ हूँ सुब्ह से लॉरेंस-बाग़[1] में
अफ़्कार[2] का हुजूम[3] है मेरे दिमाग़ में
छाया हुआ है चार तरफ़ बाग़ में सुकूत[4]
तन्हाइयों की गोद में लेटा हुआ हूँ मैं
अश्जार[5] बार-बार डराते हैं बन के भूत
जब देखता हूँ उनकी तरफ़ काँपता हूँ मैं
बैठा हुआ हूँ सुब्ह से लॉरेंस-बाग़ में

लॉरेंस-बाग़ कैफ़ो-लताफ़त[6] के ख़ुल्द-ज़ार[7]
वो मौसमे-नशात[8] वो अय्यामे-नौ-बहार[9]
भूले हुए मनाज़िरे-रंगीं[10] बहार के
अफ़्कार बन के रूह में मेरी उतर गए
वो मस्त गीत मौसमे-इशरत-फ़िशार[11] के
गहराइयों को दिल की ग़म आबाद कर गए
लॉरेंस-बाग़ कैफ़ो-लताफ़त के ख़ुल्द-ज़ार
है आसमाँ पे काली घटाओं का इज़्दिहाम[12]
होने लगी है वक़्त से पहले ही आज शाम

1. लाहौर शहर में स्थित एक बाग़ जिसको बाग़-ए-जिन्नाह के नाम से भी जाना जाता है; 2. चिन्तन, उलझनें; 3. समूह; 4. शान्ति, सन्नाटा; 5. पेड़ (शजर का बहुवचन); 6. हर्ष और आनन्द; 7. स्वर्ग-भूमि; 8. आनन्दमयी ऋतु; 9. नये दिन, ख़ुशनुमा मौसम; 10. रंगीन दृश्य; 11. आनन्दित करनेवाली ऋतु; 12. समूह, मजमा, झुंड

दुनिया की आँख नींद से जिस वक़्त झुक गई
जब कायनात खो गई असरारे-ख़्वाब[1] में
सीने में जू-ए-अश्क[2] है मेरे रुकी हुई
जाकर उसे बहाऊँगा कुंजे-गुलाब[3] में
है आसमाँ पे काली घटाओं का इज़्दिहाम
अफ़्कार का हुजूम है मेरे दिमाग़ में
बैठा हुआ हूँ सुब्ह से लॉरेंस-बाग़ में

---

1. सपनों के रहस्य; 2. आँसुओं की नदी; 3. गुलाबों का गुच्छा

वही कश्फ़े-ज़ात[1] की आरज़ू

मिरा दिल गिरौ[2], मिरी जाँ गिरौ!
    चला आ कि है मिरा दर[3] खुला
        तू मिरा नसीब है राहरौ[4]!
ये हवा, ये बर्क़[5], ये रा'दो-अब्र[6] ये तीरगी[7]
    रहे-इंतिज़ार[8] की नारसी[9]
मिरे जानो-दिल पे हैं लौ[10] बुतो[11]
    मिरे मेहमाँ मिरे राहरौ
ऐ गुरेज़-पा[12] तू सराबे-दश्त[13] ख़ला[14] न बन
    वो नवा[15] न बन जो फ़रेबे-राह-गुज़ार[16] हो
    वो फ़ुसूने-अर्ज़-ओ-समा[17] न बन
        जिसे दिल-गिरफ़्तों[18] से आर हो
जो तुझे बुलाती है पै-ब-पै[19]
    वो सदा जलाजले-जाँ[20] की है
        वो सदा मुरूरे-ज़माँ[21] की है

---

1. अपने-आप को व्यक्त करना; 2. गिरवी; 3. दरवाज़ा; 4. राहगीर; 5. आकाशीय बिजली; 6. गरज और बादल; 7. अँधेरा; 8. प्रतीक्षा की राह में; 9. अयोग्य; 10. ज्योति; 11. विलम्ब, देरी; 12. भागने के लिए तैयार; 13. मरुस्थल की मरीचिका; 14. रिक्त स्थान, ख़ाली जगह; 15. ध्वनि, आवाज़; 16. रास्ते का धोखा; 17. पृथ्वी और आकाश के बीच का रहस्य; 18. दिल में समाए हुए; 19. बार-बार; 20. आत्मा की पुकार (जलाजिल—जुल्जुल का बहुवचन—वह घुँघरू जो किसी कपड़े पर टाँककर पशु आदि के गले में डालते हैं।); 21. समय बीत जाना, देरी हो जाना

किसे उस सदा से फ़रार[1] हो
मिरा दिल गिरौ, मिरी जाँ गिरौ
तिरी कुन-म-कुन[2] तिरी रौ-म-रौ[3]
मुझे बारे-जाँ[4]
कि मैं हर्फ़[5] जिसका बयाँ है तू
मैं वो जिस्म जिसकी रवाँ[6] है तू
तू कलाम[7] है मैं तिरी ज़बाँ
तू वो शम्अ' है कि मैं जिसकी लौ
किसी नक़्शे-कार[8] का इक नफ़स[9]—
कई सूरतें जो सदा से तिश्ना-ए-रंग[10] थीं
हुईं वस्ल-ए-मा'नी[11] से बारवर[12]
किसी बुत-तराश[13] की इक निगह—
कई संग[14] अज़ियते-यासो-मर्ग[15]
से बच गए
हुए सम्ते-राह[16] से बा-ख़बर[17]
चला आ कि मेरी निदा[18] में भी
वही रूयते-अज़ली[19] कि है
जिसे याद ग़ायते-रंगो-बू[20]
जिसे याद राज़े-मयो-सुबू[21]
जिसे याद वादा-ए-तारो-पू[22]
चला आ कि मेरी निदा में भी
इसी कश्फ़े-ज़ात की आरज़ू

---

1. मुक्त; 2. हाँ या ना; 3. साथ चलना-न चलना; 4. ज़िन्दगी का बोझ; 5. अक्षर; 6. बहाव; 7. लिखा हुआ; 8. शिल्पकार; 9. साँस; 10. रंगों की प्यासी; 11. अर्थों का मिलना; 12. बोझिल, लदा हुआ; 13. मूर्तिकार; 14. पत्थर; 15. निराशा और मृत्यु के दुख; 16. रास्ते की दिशा; 17. परिचित; 18. आवाज़, पुकार; 19. वह दर्शन जिसका आदि और अन्त न हो; 20. रंग और महक का मतलब; 21. मदिरा और मदिरापात्र का रहस्य या भेद या मर्म; 22. ताने-बाने की नींव या स्रोत

तमाशा-गहे-लालाज़ार[1]

तमाशा-गहे-लालाज़ार
'तियातर[2]' पे मेरी निगाहें जमी थीं
मिरे कान 'म्यूज़िक' के ज़ेरो-बम[3] पर लगे थे
मगर मेरा दिल फिर भी करता रहा था
अरब और अजम[4] के ग़मों का शुमार[5]
तमाशा-गहे-लालाज़ार!

तमाशा-गहे-लालाज़ार
अब ईराँ[6] कहाँ है
ये इश्क़ी[7] का शहकार[8]—'ईरान की रुस्तख़ेज़[9]'
अब ईराँ है इक नौहागर[10] पीर-ज़ाल[11]
है मुद्दत से अफ़्सुर्दा[12] जिसका जमाल[13]
मदाइन[14] की वीरानियों पर अजम अश्करेज़[15]
वो नौ-शेरवाँ[16] और ज़रदुश्त[17] और दारियूश[18]

---

1. गुलाब के बाग़ीचे का दृश्य-स्थान; 2. थिएटर, नाटकशाला; 3. संगीत का उतार-चढ़ाव, तान, लय; 4. अरब के अतिरिक्त शेष संसार; 5. गणना, गिनती; 6. ईरान; 7. प्रेम से सम्बन्धित; 8. सर्वोत्कृष्ट कृति, महानतम रचना; 9. पुनरुत्थान; 10. विलाप करनेवाला; 11. वृद्ध, बुज़ुर्ग; 12. उदास, निढाल; 13. सौन्दर्य, सुन्दरता; 14. शहर, मदीना का बहुवचन; 15. आँसू बहाने वाला; 16. सासानी वंश का एक ईरानी नरेश जो अपनी न्याय-परायणता के लिए प्रसिद्ध था; 17. फ़ारस देश के प्राचीन पारसी धर्म के प्रवर्तक; 18. दारा प्रथम या डेरियस प्रथम प्राचीन ईरान के हख़ामनी वंश का प्रसिद्ध शासक था जिसे इतिहास में धार्मिक सहिष्णुता तथा अपने शिलालेखों के लिए जाना जाता है।

वो फ़रहाद-शीरीं[1] वो के-ख़ुसरो[2]-ओ-के-क़ुबाद[3]
हम इक दास्ताँ[4] हैं वो किरदार थे दास्ताँ के!
हम इक कारवाँ[5] हैं वो सालार[6] थे कारवाँ के!
तहे-ख़ाक[7] जिनके मज़ार[8]
तमाशा-गहे-लालाज़ार!

तमाशा-गहे-लालाज़ार
मगर नौहा-ख़्वानी[9] की ये सरगिरानी[10] कहाँ तक?
कि मंज़िल है दुश्वार ग़म से ग़मे-जाविदाँ[11] तक!
वो सब थे कुशादा[12] दिलो-होश-मंद[13]-ओ-परस्तारे-रब्बे-करीम[14]
वो सब ख़ैर के राहदाँ[15] रह-शनास[16]
हमें आज मोहसिन-कुश[17]-ओ-नासिपास[18]
वो शाहनशहाने-अज़ीम[19]
वो पिंदारे-रफ़्ता[20] का जाहो-जलाले-क़दीम[21]
हमारी हज़ीमत[22] के सब बेबहा[23] तारो-पू[24] थे
फ़ना[25] उनकी तक़दीर हम उनकी तक़दीर के नौहागर[26] हैं
उसी की तमन्ना में फिर सोगवार[27]
तमाशा-गहे-लालाज़ार!

---

1. ईरान की एक प्रेम-कथा के नायक और नायिका फ़रहाद और शीरीं; 2. तेरहवीं-चौदहवीं सदी के एक प्रमुख शायर, गायक और संगीतकार जिनका परिवार कई पीढ़ियों से राजदरबार से सम्बन्धित था; 3. ईरान के एक राजा का नाम; 4. कहानी; 5. यात्रियों का समूह; 6. मार्गदर्शक, प्रधान, प्रमुख; 7. जमीन के नीचे; 8. क़ब्र, समाधि; 9. नौहा पढ़ना, दर्दनाक हालात का बयान करना; 10. सर भारी होना, अप्रसन्नता; 11. हमेशा रहने वाला दुख; 12. विस्तृत; 13. बुद्धिमान; 14. ईश्वर को पूजनेवाले; 15. पथ-प्रदर्शक; 16. मार्ग को पहचानने वाले; 17. कृतघ्न, नमकहराम; 18. अकृतज्ञ; 19. महान बादशाह; 20. खोया हुआ गौरव, खोई हुई प्रतिष्ठा; 21. पारम्परिक प्रतिष्ठा; 22. पराजय, हार; 23. बहुमूल्य, बेशक़ीमती; 24. ताना-बाना; 25. मृत्यु, नाश; 26. विलाप करनेवाला; 27. दुखी

तमाशा-गहे-लालाज़ार

उरूसे-जवाँ[1] साले-फ़र्दा[2] हिजाबों[3] में मस्तूर[4]
गुरुसना निगह[5] ज़ूदकारों[6] से रंजूर[7]
मगर अब हमारे नये ख़्वाब काबूसे-माज़ी[8] नहीं हैं
हमारे नये ख़्वाब हैं आदमे-नौ[9] के ख़्वाब
जहाने-तगो-दौ[10] के ख़्वाब
जहाने-तगो-दौ मदाइन नहीं
काख़-ए-फ़ग़फ़ूरो-किसरा[11] नहीं
ये उस आदमे-नौ का मावा नहीं
नई बस्तियाँ और नये शहरयार[12]
तमाशा-गहे-लालाज़ार!

1. जवान बीवी; 2. हर नया साल, आनेवाला साल; 3. आड़, पर्दा; 4. छुपा हुआ; 5. सिसकियाँ लेती हुई आँखें; 6. जल्दबाज़ी करनेवाले; 7. दुखी, अप्रसन्न; 8. बीते हुए समय का बुरा सपना; 9. नये युग का इंसान; 10. भाग-दौड़ भरी दुनिया; 11. बादशाहों के महलों के निर्माण (फ़ग़फ़ूर—चीन के प्राचीन काल के शासकों की उपाधि); 12. शासक, बादशाह

आरज़ू राहिबा[1] है

आरज़ू राहिबा है बेकसो-तन्हा[2]-ओ-हज़ीं[3]
आरज़ू राहिबा है उम्र गुज़ारी जिसने
इन्हीं महरूमे-अज़ल[4] राहिबों मा'बद[5] के निगहबानों[6] में
इन महो-साले-यक-आहंग[7] के ऐवानों[8] में
कैसे मा'बद पे है तारीकी[9] का साया भारी
रु-ए-मा'बूद[10] से हैं ख़ून के धारे जारी
राहिबा रात को मा'बद से निकल आती है
झिलमिलाती हुई इक शम्अ' लिये
लड़खड़ाती हुई फ़र्शो-दरो-दीवार[11] से टकराती हुई
दिल में कहती है कि इस शम्अ' की लौ ही शायद
दूर मा'बद से बहुत दूर चमकते हुए अनवार[12] की तमसील[13] बने
आने वाली सहरे-नौ[14] यही क़िंदील[15] बने
आरज़ू राहिबा है बेकसो-तन्हा-ओ-हज़ीं
हाँ मगर राहिबों को इसकी ख़बर हो क्यूँकर
ख़ुद में खोए हुए सहमे हुए सरगोशी[16] से डरते हुए
राहिबों को ये ख़बर हो क्यूँकर

1. नन, वह ईसाई स्त्री जो सांसारिक वासनाओं को छोड़ चुकी हो; 2. असहाय और अकेला; 3. दुखी, शोकाकुल; 4. हमेशा से वंचित; 5. उपासना गृह, इबादतगाह; 6. पहरेदार, देखरेख करनेवाला; 7. एक लय में आते हुए महीने और साल; 8. महल, राजभवन; 9. अँधेरा; 10. ईश्वर का चेहरा; 11. फ़र्श और दरवाज़ा और दीवार; 12. जगमगाहटें, रोशनियाँ (नूर का बहुवचन); 13. उपमा, मिसाल; 14. नई सुब्ह; 15. चिराग़, दिया; 16. चुपके-चुपके बातें करना, कानाफूसी

किसलिए राहिबा है बेकसो-तन्हा-ओ-हज़ीं
राहिब इस्तादा[1] हैं मरमर[2] की सिलों[3] के मानिंद
बेकराँ[4] इज्ज़[5] की जाँ-सोख़्ता[6] वीरानी में
जिसमें उगते नहीं दिल-सोज़ी-ए-इंसाँ[7] के गुलाब
राहिबा शम्अ' लिये फिरती है
ये समझती है कि इससे दरे-मा'बद[8] पे कभी
घास पर ओस झलक उट्ठेगी
संगरेज़ों[9] पे कोई चाप सुनाई देगी

---

1. खड़ा हुआ, ठहरा हुआ; 2. सफ़ेद पत्थर; 3. पत्थर की पटिया; 4. जिसका किनारा न हो, अपार; 5. असमर्थता, बेबसी; 6. बेजान; 7. इंसान की हमदर्दी या सहानुभूति; 8. उपासना-गृह के दरवाज़े पर; 9. कंकड़, पत्थर के टुकड़े

इंतिक़ाम[1]

उसका चेहरा, उसके ख़द्दो-ख़ाल[2] याद आते नहीं
इक शबिस्ताँ[3] याद है
इक बरहना[4] जिस्म आतिश-दाँ[5] के पास
फ़र्श पर क़ालीन, क़ालीनों पे सेज
धात[6] और पत्थर के बुत
गोशा-ए-दीवार[7] में हँसते हुए!
और आतिश-दाँ में अँगारों का शोर
उन बुतों की बेहिसी[8] पर ख़श्मगीं[9]
उजली-उजली ऊँची दीवारों पे अक्स[10]
उन फ़रंगी[11] हाकिमों[12] की यादगार
जिनकी तलवारों ने रक्खा था यहाँ
संगे-बुनियादे-फ़रंग[13]!
उसका चेहरा उसके ख़द्दो-ख़ाल याद आते नहीं
इक बरहना जिस्म अब तक याद है
अजनबी औरत का जिस्म,
मेरे होंठों ने लिया था रात-भर
जिससे अरबाबे-वतन[14] की बेहिसी का इंतिक़ाम
वो बरहना जिस्म अब तक याद है!

---

1. प्रतिशोध, बदला; 2. शक्ल-सूरत, स्वरूप; 3. शयनकक्ष; 4. नग्न, निर्वस्त्र; 5. अँगीठी, आग रखने का स्थान; 6. धातु; 7. दीवार का कोना; 8. एहसास न होना, सुन्न; 9. ग़ुस्से से भरा हुआ, क्रोधातुर; 10. प्रतिबिम्ब, परछाईं; 11. अंग्रेज़; 12. हुकूमत करनेवाला, राजा; 13. अंग्रेज़ की नींव का पत्थर; 14. वतन के लोग

अजनबी औरत

एशिया के दूर-उफ़्तादा[1] शबिस्तानों[2] में भी
मेरे ख़्वाबों का कोई रूमाँ[3] नहीं!
काश इक दीवारे-ज़ुल्म[4]
मेरे उनके दरमियाँ हाइल[5] न हो!
ये इमाराते-क़दीम[6]
ये ख़याबाँ[7], ये चमन, ये लालाज़ार[8],
चाँदनी में नौहाख़्वाँ[9]
अजनबी के दस्ते-ग़ारतगर[10] से हैं
ज़िन्दगी के इन निहाँख़ानों[11] में भी
मेरे ख़्वाबों का कोई रूमाँ नहीं!
काश इक 'दीवारे-रंग[12]'
मेरे उनके दरमियाँ हाइल न हो!
ये सियह-पैकर[13] बरहना राहरौ[14]
ये घरों में ख़ूबसूरत औरतों का ज़हरे-ख़ंद[15]
ये गुज़रगाहों[16] पे देव-आसा[17] जवाँ
जिनकी आँखों में गुरुसना[18] आरज़ूओं की लपक

---

1. दूर-दराज़ स्थान पर; 2. रात बिताने के लिए एक आरामदायक जगह, ख़्वाबगाह; 3. प्रेम-भाव; 4. अत्याचार की दीवार; 5. बाधा; 6. पुश्तैनी घर, पुरानी इमारतें; 7. उद्यान, बाग़; 8. गुलाब का बाग़ीचा; 9. विलाप करते हुए; 10. लूटने या बर्बाद करनेवाले हाथ; 11. तहख़ाना, छुपा या अदृश्य स्थान; 12. रंग की दीवार; 13. काला बदन; 14. राहगीर, यात्री; 15. मुस्कुराहटों का ज़हर; 16. रास्ता; 17. देव जैसी शक्ल का, डरावना; 18. लालची

मुश्तइल[1], बेबाक मज़दूरों का सैलाबे-अज़ीम[2]!
अर्ज़े-मश्‌रिक[3], एक मुबहम[4] ख़ौफ़ से लर्ज़ां[5] हूँ मैं
आज हमको जिन तमन्नाओं की हुर्मत[6] के सबब[7]
दुश्मनों का सामना मग़रिब[8] के मैदानों में है
उनका मश्‌रिक[9] में निशाँ तक भी नहीं!

---

1. ठहरा हुआ; 2. बहुत बड़ा सैलाब, भारी भीड़; 3. पूर्वी क्षेत्र; 4. धुँधला; 5. कँपकँपाता हुआ; 6. आबरू, इज़्ज़त, पवित्रता; 7. कारण; 8. पश्चिम; 9. पूर्व दिशा

रक़्स[1]

ऐ मिरी हमरक़्स[2] मुझको थाम ले
ज़िन्दगी से भागकर आया हूँ मैं
डर से लर्ज़ा[3] हूँ कहीं ऐसा न हो
रक़्सगह[4] के चोर दरवाज़े से आकर ज़िन्दगी
ढूँढ़ ले मुझको, निशाँ पा ले मेरा
और जुर्मे-ऐश[5] करते देख ले!

ऐ मिरी हमरक़्स मुझको थाम ले
रक़्स की ये गर्दिशें[6]
एक मुबहम[7] आसिया[8] के दौर हैं
कैसी सरगर्मी[9] से ग़म को रौंदता जाता हूँ मैं!
जी मैं कहता हूँ कि हाँ,
रक़्सगह में ज़िन्दगी के झाँकने से पेशतर[10]
कुल्फ़तों[11] का संग-रेज़ा[12] एक भी रहने न पाए!
ऐ मिरी हमरक़्स मुझको थाम ले
ज़िन्दगी मेरे लिए
एक ख़ूनी भेड़िये से कम नहीं
ऐ हसीनो-अजनबी[13] औरत उसी के डर से मैं

---

1. नृत्य; 2. साथ में नाचनेवाला; 3. काँपता हुआ; 4. नृत्य करने का स्थान; 5. भोग-विलास का अपराध; 6. चक्कर; 7. धुँधला; 8. फ़िरऔन की पत्नी का नाम, स्तब्ध, परेशान; 9. जोश, उत्सुकता; 10. पहले; 11. मानसिक चिन्ता; 12. कंकड़; 13. सुन्दर और अपरिचित

हो रहा हूँ लम्हा-लम्हा और भी तेरे क़रीब
जानता हूँ तू मिरी जाँ भी नहीं
तुझसे मिलने का फिर इम्काँ[1] भी नहीं
तू मिरी इन आरज़ूओं की मगर तमसील[2] है
जो रहीं मुझसे गुरेज़ाँ[3] आज तक!

ऐ मिरी हमरक़्स मुझको थाम ले
अहदे-पारीना[4] का मैं इंसाँ नहीं
बन्दगी से इस दरो-दीवार[5] की
हो चुकी हैं ख़्वाहिशें बे-सोज़ो-रंगो-नातवाँ[6]
जिस्म से तेरे लिपट सकता तो हूँ
ज़िन्दगी पर मैं झपट सकता नहीं!
इसलिए अब थाम ले
ऐ हसीनो-अजनबी औरत मुझे अब थाम ले!

---

1. सम्भावना; 2. उदाहरण, मिसाल; 3. अस्वीकार करनेवाला; 4. प्राचीन समय का; 5. दरवाज़ा और दीवार; 6. ठंडा पड़ा हुआ, बे-जान और बे-रंग

ख़्वाब की बस्ती

(सॉनेट)

मिरे महबूब जाने दे मुझे उस पार जाने दे
अकेला जाऊँगा और तीर के मानिंद जाऊँगा
कभी इस साहिले-वीरान[1] पर मैं फिर न आऊँगा
गवारा कर ख़ुदारा[2] इस क़दर ईसार[3] जाने दे!
न कर अब साथ जाने के लिए इसरार[4] जाने दे
मैं तन्हा जाऊँगा तन्हा ही तकलीफ़ें उठाऊँगा
मगर उस पार जाऊँगा तो शायद चैन पाऊँगा
नहीं मुझमें ज़ियादा हिम्मते-तकरार[5] ज़ाने दे!

मुझे उस ख़्वाब की बस्ती से क्या आवाज़ आती है?
मुझे उस पार लेने के लिए वो कौन आया है?
ख़ुदा जाने वो अपने साथ क्या पैग़ाम लाया है
मुझे जाने दे अब रहने से मेरी जान जाती है!
मिरे महबूब, मेरे दोस्त अब जाने भी दे मुझको
बस अब जाने भी दे इस अर्ज़े-बे-आबाद[6] से मुझको!

---

1. एकान्त किनारा; 2. ईश्वर के लिए; 3. बलिदान, स्वार्थत्याग; 4. आग्रह; 5. लड़ने की शक्ति;
6. उजड़ी हुई ज़मीन

फ़ितरत[1] और अह्दे-नौ[2] का इंसान

(दो सॉनेट)

फ़ितरत

शाम होने को है और तारीकियाँ[3] छाने को हैं
आ मिरे नन्हे मिरी जाँ आ मिरे शहकार[4] आ!
तुझ पे सद्क़े[5] ख़ुल्द के नग़मात[6] और अनवार[7] आ
आ मिरे नन्हे! कि परियाँ रात की आने को हैं
सारी दुनिया पर फ़ुसूँ[8] का जाल फैलाने को हैं
तेरी ख़ातिर ला रही हैं लोरियों के हार आ
दिल तिरा कब तक न होगा 'खेल' से बेज़ार[9] आ
जब 'खिलौने' भी तिरे नींदों में खो जाने को हैं?
खेल में काँटों से है दामान[10] सदपारा[11] तिरा
काश तू जाने कि सामाने-तरब[12] अर्ज़ाँ[13] नहीं
कौन-सी शय[14] है जो वज्हे-काहिशे-इन्साँ[15] नहीं
किसलिए रहता है दिल शैदा-ए-नज़्ज़ारा[16] तिरा?
आ कि है राहत-भरी आग़ोश वा[17] तेरे लिए
आ कि मेरी जान है ग़म-आशना[18] तेरे लिए?

---

1. स्वभाव; 2. नया दौर; 3. अँधेरे; 4. सर्वश्रेष्ठ कृति; 5. न्योछावर; 6. गीत; 7. नूर का बहुवचन, जगमगाहटें, रोशनियाँ; 8. जादू; 9. तंग आना; 10. आँचल; 11. सौ टुकड़े; 12. मनोरंजक वस्तु; 13. कम मूल्य का, सस्ता; 14. वस्तु; 15. इंसान की चिन्ता का कारण; 16. देखने के लिए आतुर 17. खुली हुई बाँहें; 18. दुखी

इंसान

जानता हूँ मादरे-फ़ितरत[1]! कि मैं आवारा हूँ
तिफ़्ले-आवारा[2] हूँ लेकिन सरकशो-नादाँ[3] नहीं
मेरी इस आवारगी में वहशते-इस्याँ[4] नहीं
शोख़ हूँ लेकिन अभी मा'सूम और बेचारा हूँ
तुझको क्या ग़म है अगर वारफ़्ता-ए-नज़्ज़ारा[5] हूँ?
शुक्र है ज़िन्दानी-ए-अहरीमनो-यज़दाँ[6] नहीं
इससे बढ़कर कुछ भी वज्हे-काहिशे-इन्साँ[7] नहीं
मैं मगर इनके उफ़ुक़[8] से दूर इक सय्यारा[9] हूँ!
शाम होने को है और तारीकियाँ छाने को हैं
तू बुलाती है मुझे राहत-भरी आग़ोश में
खेल लूँ थोड़ा-सा आता हूँ अभी आता हूँ मैं!
अब तो 'दिन' की आख़िरी किरनें भी सो जाने को हैं
और खो जाने को हैं वो भी कनारे-दोश[10] में
बह चली है रूह नींदों में मिरी आता हूँ मैं!

---

1. मूल स्वभाव; 2. भटकता हुआ बच्चा; 3. बेवक़ूफ़ और नासमझ; 4. अपराध करने का जुनून; 5. आत्मविस्मृत दृश्य; 6. देव और दूतों का बन्दी; 7. मनुष्य की चिन्ता का कारण; 8. क्षितिज; 9. नक्षत्र; 10. आलिंगन

ज़वाल[1]

आह पाइंदा[2] नहीं,
दर्द-ओ-लज़्ज़त[3] का ये हंगामे-जलील[4]!
फिर कई बार अभी आएँगे ये लम्हाते-जुनूँ[5]
इससे शिद्दत[6] में फ़ुज़ूँ[7], इससे तवील[8]
फिर भी पाइंदा नहीं,

आप-ही-आप किसी रोज़ ठहर जाएगा
तेरे जज़्बात का दरिया-ए-रवाँ[9]
तुझे मा'लूम नहीं,
किस तरह वक़्त की अम्वाज[10] हैं सरगर्मे-ख़िराम[11]?
तेरे सीने का दरख़्शन्दा[12] जमाल[13]
मावरा[14]
कर दिया जाएगा बेगाना-ए-नूर[15]
निकहतो-रंग[16] से महरूमे-दवाम[17]!
तुझे मा'लूम नहीं,
इस दरीचे[18] में से देख
ख़ुश्क, बे-बर्ग[19], अलमनाक[20] दरख़्तों का समाँ[21]

---

1. उतार; 2. हमेशा रहनेवाला, अनश्वर; 3. कष्ट और आनन्द; 4. बड़ा उपद्रव; 5. उन्माद के क्षण; 6. प्रबलता; 7. अधिकता; 8. लम्बा; 9. बहती हुई नदी; 10. लहरें; 11. तीव्र और मद्धिम; 12. चमकता हुआ; 13. सुन्दरता; 14. परे, दूर; 15. रौशनी से अनजान; 16. महक और रंग; 17. हमेशा के लिए वंचित; 18. खिड़की; 19. बिना पत्तों का; 20. दु:खदायी 21. वातावरण

कैसा दिलदोज़[1] सुकूत[2]!
ज़ेरे-लब[3] नालाकशे-जोरे-ख़िज़ाँ[4]!
चौदहवीं रात का महताबे-जवाँ[5]!
इनके उस पार से है नज़्द तुलूअ[6]
तुझे मा'लूम नहीं,
एक दिन तेरा जुनूँ-ख़ेज़[7] शबाब[8]
तेरे आ'ज़ा[9] का जमाल
कर दिया जाएगा इस तरह से महरूमे-फ़ुसूँ[10]
और फिर चाँद के मानिंद मुहब्बत के ख़याल
सारे इस अह्द[11] के गुज़रे हुए ख़्वाब
तेरे माज़ी[12] के उफ़ुक़ पर से हुवैदा[13] होंगे
तुझे मा'लूम नहीं?

---

1. दिल दहला देनेवाला; 12. सन्नाटा; 13. होंठों तले; 14. पतझड़ के आगमन पर विलाप करनेवाला; 15. पूरा चाँद; 14. पास से उगता हुआ; 15. उन्मादी; 16. जवानी; 17. शरीर के अंग; 18. जादू या फ़रेब से वंचित; 19. समय; 20. भूतकाल; 21. ज़ाहिर, व्यक्त

आवाज़

...ये दिल्ली है
अपने ग़रीबुल-वतन[1] भाइयों के लिए
हार ग़ज़लों के लाई है इनके बहन
और गीतों के गजरे बनाकर :
"छमा छम छमा छम दुल्हनिया चली रे"
"ये दुनिया है तूफ़ान मेल"
"ऐ मदीने के अरबी जवाँ"
"तेरी ज़ुल्फ़ें हमें डस गईं नाग बनकर..."

मगर इस सदा से बड़ा नाग मुम्किन है
जो ले गया एक पल में
हज़ारों को ग़ारे-फ़रामोशगारी[2]
में यूँ खींचकर साथ अपने
कि सदियाँ गुज़रने पर उनकी
सियह[3] हड्डियाँ भी न शायद मिलेंगी?

जहाँ से ये आवाज़ आई
उसी सरज़मीं में,
समन्दर के साहिल पे, लाखों घरों में
दीये टिमटिमाने लगे

---

1. जो अपना घर-बार छोड़ परदेश में पड़ा हो, प्रवासी; 2. स्मृति लोप का गहरा गड्ढा; 3. काला

और इक दूसरे से
बहुत धीमी सरगोशियों में
ये कहने लगे;
लो सुनो, अब सहर[1] होने वाली है लेकिन
मुसाफ़िर की अब तक ख़बर भी नहीं है!

1. सुबह

ये दरवाज़ा कैसे खुला

ये दरवाज़ा कैसे खुला? किसने खोला?
ये कुत्बा[1] जो पत्थर की दीवार पर बेज़ुबाँ सोचता था
अभी जाग उठा है,
वो दीवार भूले हुए नक़्श-गर[2] की कहानी
सुनाने लगी है;

नुकीले सुतूँ[3] पर वो सन्दूक़, जिस पर
सियह रंग रेशम में लिपटा हुआ एक कुत्ते का बुत[4],
जिसकी आँखें सुनहरी,
अभी भौंक उठा है;

वो लकड़ी की गाय का सर
जिसके पीतल के सींगों में बर्बत[5],
जो सदियों से बेजान था
झुनझुनाने लगा है?

वो नन्हे से जूते जो उजलत[6] में इक दूसरे से
अलग हो गए थे;
यकायक[7] बहम[8] मिल के, इतरा के चलने लगे हैं

---

1. क़ब्र पर लगी हुई नाम की तख़्ती; 2. शिल्पकार; 3. खम्भा; 4. मूर्ति; 5. एक बाजा, जो सितार की तरह होता है और पशुओं के सींगों में बाँधा जाता था; 6.जल्दबाज़ी; 7. अचानक; 8. परस्पर

वो पायों पे रक्खे हुए तीन गुलदान
जिन पर बुज़ुर्गों के पाकीज़ा[1] या कम गुनहगार
जिस्मों की वो राख जो (अपनी तक़दीरे-मुब्रम[2] से बचकर)
फ़क़त[3] तीरा-तर[4] हो गई थी,
उसी में छुपे कितने दिल
तिलमिलाने लगे हैं?

ये दरवाज़ा कैसे खुला? किसने खोला?
हमीं ने...
अभी हमने दहलीज़ पर पाँव रक्खा न था
किवाड़ों को हमने छुआ तक न था
कैसे यकदम[5] हज़ारों ही बेताब चेहरों पे
तारे चमकने लगे हैं
जैसे इनकी मुक़द्दस[6] किताबों में
जिस आनेवाली घड़ी का हवाला था
गोया[7] यही वो घड़ी हो!

---

1. पवित्र; 2. अटल भाग्य; 3. केवल; 4. एकदम काली; 5. अचानक; 6. पवित्र; 7. जैसे, मानो

अन्धा कबाड़ी

शहर के गोशों[1] में हैं बिखरे हुए
पा-शिकस्ता[2] सर-बुरीदा[3] ख़्वाब
जिनसे शहरवाले बे-ख़बर!
घूमता हूँ शहर के गोशों में रोज़ो-शब
कि उनको जम्अ कर लूँ
दिल की भट्ठी में तपाऊँ
जिससे छट जाए पुराना मैल
उनके दस्त-ओ-पा[4] फिर से उभर आएँ
चमक उट्ठें लब-ओ-रुख़्सारो-गर्दन[5]
जैसे नौ-आरास्ता[6] दूल्हों के दिल की हसरतें
फिर से इन ख़्वाबों को सम्त-ए-रह[7] मिले!
"ख़्वाब ले लो ख़्वाब..."
सुब्ह होते चौक में जाकर लगाता हूँ सदा[8]
ख़्वाब असली हैं कि नक़ली?
"यूँ परखते हैं कि जैसे उनसे बढ़कर
ख़्वाब-दाँ[9] कोई न हो!
ख़्वाब-गर[10] मैं भी नहीं
सूरत-गर-ए-सानी[11] हूँ बस

---

1. कोने; 2. टूटे हुए; 3. बिखरे हुए; 4. हाथ और पाँव; 5. होंठ, गाल और गला; 6. अलंकृत; 7. रास्ते की दिशा; 8. आवाज़; 9. सपने देखने वाला; 10. सपने दिखाने वाला; 11. अद्वितीय शक्लें बनाने वाला

हाँ मगर मेरी मईशत[1] का सहारा ख़्वाब हैं!
शाम हो जाती है
मैं फिर से लगाता हूँ सदा
"मुफ़्त ले लो मुफ़्त, ये सोने के ख़्वाब"
'मुफ़्त' सुनकर और डर जाते हैं लोग
और चुपके से सरक जाते हैं लोग
"देखना ये 'मुफ़्त' कहता है
कोई धोखा न हो?
ऐसा कोई शोबदा[2] पिन्हाँ[3] न हो?
घर पहुँचकर टूट जाएँ
या पिघल जाएँ ये ख़्वाब?
भक् से उड़ जाएँ कहीं
या हम पे कोई सेहर कर डालें ये ख़्वाब
जी नहीं किस काम के?
ऐसे कबाड़ी के ये ख़्वाब
ऐसे ना-बीना[4] कबाड़ी के ये ख़्वाब!!"
रात हो जाती है
ख़्वाबों के पुलंदे सर पे रखकर
मुँह बिसोरे लौटता हूँ
रात-भर फिर बड़बड़ाता हूँ
"ये ले लो ख़्वाब..."
"और ले लो मुझसे इनके दाम भी
ख़्वाब ले लो, ख़्वाब
मेरे ख़्वाब
ख़्वाब मेरे ख़्वाब
ख़्वाब
इनके दाम भी"

---

1. जीविका; 2. जादू, रहस्य; 3. छुपा हुआ; 4. अन्धा

सिपाही

तू मेरे साथ कहाँ जाएगी?
...मौत का लम्हा-ए-मायूस[1] नहीं,
क़ौम अभी नींद में है!
मुस्लिहे-क़ौम[2] नहीं हूँ कि मैं आहिस्ता चलूँ
और डरूँ क़ौम कहीं जाग न जाए...
मैं तो इक आम सिपाही हूँ, मुझे
हुक्म है दौड़ के मंज़िल के क़दम लेने का
और इस सई-ए-जिगर-दोज़[3] में जाँ देने का
तू मेरे साथ मेरी जान, कहाँ जाएगी?

तू मेरे साथ कहाँ जाएगी?
राह में ऊँचे पहाड़ आएँगे
दश्ते-बे-आबो-गियाह[4]
और कहीं रूदे-अमीक़[5]
बे-कराँ, तेज़-ओ-कफ़ आलूदो-अज़ीम
उजड़े सुनसान दयार
और दुश्मन के ग्रांडेल जवाँ
जैसे कोहसार पे दीवार के पेड़
इज़्ज़त-ओ-इफ़्फ़त-ओ-इस्मत के ग़नीम[6]

---

1. हताश क्षण; 2. क़ौम का सुधारक; 3. दिल को सीने की कोशिश; 4. बिना पानी और घास, मरुस्थल; 5. गहरी नदी; 6. लुटेरा

इक सिपाही के लिए ख़ून के नज़्ज़ारों में
हर तरफ़ ख़ून के सैलाब रवाँ...
जिस्म और रूह की बालीदगी[1] है
तू मगर ताब कहाँ लाएगी
तू मेरे साथ मेरी जान कहाँ जाएगी?
दम-ब-दम बढ़ते चले जाते हैं
सरे-मैदान रफ़ीक़[2],
तू मेरे साथ मेरी जान कहाँ जाएगी?
उम्र गुज़री है ग़ुलामी में मेरी
इससे अब तक मेरी परवाज़ में कोताही है!
ज़ुमज़ुमे[3] अपनी मुहब्बत के न छेड़
इससे ऐ जान पर-ओ-बाल[4] में आता है जुमूद[5]
मैं न जाऊँगा तो दुश्मन को शिकस्त
आसमानों से भला आएगी?
देख ख़ूँख़्वार दरिंदों के वो ग़ोल[6]
मेरे महबूब वतन को ये निगल जाएँगे?
इनसे टकराने भी दे
जंगे-आज़ादी में काम आने भी दे
तू मेरे साथ मेरी जान कहाँ जाएगी?

---

1. परिपक्वता; 2. साथी; 3. गाना; 4. पक्षियों के डैने, व्यक्ति की सामर्थ्य; 5. सुस्ती, जम जाना; 6. भीड़, जमघट

मेहमान

मैं इस शहर मेहमान उतरा
तो सीने में ग़म और आँखों में आँसू के तूफ़ाँ
जुदाई से हर चीज़, हुस्ने-अज़ल[1] तक वो पर्दा
कि जिसके वरा[2] हैरते-ख़ैरगी[3] थी!
जुदाई से तू भी हज़ीं[4]
और तेरा ज़ख़्म मुझसे भी गहरा था खूँदादा-तर[5] था!
मैं मुब्हम[6] सी उम्मीद तो साथ लाया था लेकिन,
तू इक शाख़सारे-शिकस्ता[7] की मानिंद बे-आरज़ू[8]!
...वो बे-आरज़ूई[9] का गहरा ख़ला[10] जिसको मैंने
कभी ज़ेहने-बे-माया[11] जाना
कभी ख़ौफ़ो-नफ़रत[12] के इफ़्रीत[13] का साया जाना!
तुझे याद महबूब का नर्म राहत से लबरेज़ बालिश[14]
तुझे याद कमरे के शामो-पिगा[15], जिनमें तूने
सितारों के ख़ोशों[16] की आवाज़ देखी
बनफ़्शे[17] के रंगों को तूने चखा
और बहिश्ती[18] परिंदों के नग़्मों को छूती रही
तुझे उसकी परवाज़[19] की आख़िरी रात भी याद थी...

---

1. जीवन्त सुन्दरता; 2. पीछे; 3. आश्चर्य; 4. दुखी; 5. बेरहमी से कुचला गया; 6. धुँधला; 7. टूटी हुई टहनी; 8. जिसकी कोई इच्छा न हो; 9. इच्छा न होना; 10. रिक्त स्थान; 11. कमज़ोर दिमाग़, ऐसा दिमाग़ जो कुछ सोच न सकता हो; 12. डर और घृणा; 13. दैत्य, राक्षस; 14. तकिया; 15. शाम और भोर; 16. गुच्छा; 17. एक कश्मीरी पौधा; 18. स्वर्ग के उड़ान; 19. उड़ान

लज़्ज़तो-ग़म[1] से बे-ख़्वाब लम्हे
जो सदियों से भरपूर, सदियों की
पहनाई बनते चले जा रहे थे!
इधर मैं वो महजूर[2], अफ़सुर्दा, तन्हा
वो शबनम का क़तरा
जो सहरा में नाज़िल हो लेकिन
समन्दर से मिलने का रूया[3] लिये हो!
मैं अफ़सुर्दा, महजूर, तन्हा
कि महबूब से बूंद को नूर के साल-हा-साल से
नापता आ रहा था,
मगर नूर के साल इक ख़त्ते-पैमाना[4] भी तो
नहीं बन सके थे!
नई सर-ज़मीं की नई अजनबी,
तुझे मैंने इक ख़्वाबे-पैमा[5] की आँखों से देखा
कि उस रोज़ तुझको अयाँ देखना
ऐसा इल्हाद[6] होता
कि जिसकी सज़ा जिस्मो-जाँ सह न सकते!
मगर मेरे दिल ने कहा
अजनबी शहर की ख़िलवते-बे-निहायत[7] में तू भी
किसी रोज़ बनकर रहेगी
सितम-हाए-ताज़ा[8] की ख़्वाहिश का परतौ!
ज़ख़ुद रफ़्तगी[9] से, इशारों से, तरग़ीब वा से
तुझे मैं बुलाता रहा था
तू आहिस्ता, ख़ामोश बढ़ने लगी थी
कि यादें अभी तक तेरे दिल में यूँ गूँजती थीं
कि हम गोश बर-लब सही,
सुन न सकते थे इक दूसरे की सदाएँ!

1. आनन्द और कष्ट; 2. रोका हुआ, अकेला छोड़ा हुआ; 3. सपना; 4. प्याले का किनारा; 5. प्याले का ख़्वाब, चाह, 6. नास्तिकता; 7. अपार एकान्त; 8. ताज़ा सितम; 9. आत्मविस्मरण

मगर जब मिले हम तो ऐसे मिले
वो तेरी ख़ुद-निगहदारियाँ[1] काम आईं
न मेरा तज़ब्जुब[2] मुझे रास आया
हम ऐसे मिले जैसे सदियों के महजूर
आदम के जश्ने-विलादत[3] के महजूर
बाहम अबद[4] में मिलेंगे!

---

1. ख़ुद पर निगाह रखना; 2. असमंजस; 3. जन्म-उत्सव; 4. अनन्त

अन्धा जंगल

...जिस जंगल में सूरज दर्राना[1] दर आया है
पत्थर है वो जंगल, पत्थर उसके बासी भी
देव ने ले ली इनसे छूने तक की शक्ति भी
आफ़त देखी ऐसी भी?
जिन पेड़ों पर सूरज ने डालीं अपनी किरनें
वो सदियों के अन्धे पेड़ हैं अन्धे जंगल में
आख़िर आँखें कैसे उनको मिल जाएँ पल में
यारा[2] है किस काजल में?
किरनें फिर भी कितनी धनी हैं, कितनी दरिया-दिल
छाप रही हैं मुर्दा पत्तों ही पर तसवीरें!
पूछो, कब तसवीरों से बदली हैं तक़दीरें?
हो तो इनका दिल चीरें!
इसके सिवा क्यूँकर टूटेगा गहरा सन्नाटा?
क़ायम जिसके दम से पेड़ों की ये दूरी है
बाहम[3] तारों के से फ़ासले हैं, महजूरी[4] है
ख़्वाब की सी मा'ज़ूरी[5] है!

क्यूँकर इन पर चलने लगेगी वक़्त की पुरवा फिर
बेदारी[6] इनकी रगों में सुब्हें दौड़ाएगी?
इनके आबो-ख़ाक[7] से इनका सोना लाएगी
इनको हँसता पाएगी?

1. निडर; 2. ताक़त; 3. दोनों तरफ़, परस्पर; 4. वंचना, विरह; 5. बेचारगी; 6. जागरण; 7. पानी और मिट्टी

बूए-आदम-ज़ाद[1]

...बूए-आदम-ज़ाद आई है कहाँ से नागहाँ[2]?
देव[3] इस जंगल के सन्नाटे में हैं
हो गए ज़ंजीर-पा[4] ख़ुद उनके क़दमों के निशाँ!

ये वही जंगल है जिसके मुर्ग़ज़ारों[5] में सदा
चाँदनी रातों में वो बे-ख़ौफ़ो-ग़म[6] रक़्साँ[7] रहे
आज उसी जंगल में उनके पाँव शल[8] हैं हाथ सर्द
उनकी आँखें नूर से महरूम, पथराई हुईं
एक ही झोंके से उनका रंग ज़र्द
ऐसे देवों के लिए बस एक ही झोंका बहुत
कौन है बाबे-नबर्द[9]?

...एक साया देखता है छुप के माहो-साल[10] की शाख़ों से आज
देखता है बेसदा, ज़ूलीदा[11] शाख़ों से उन्हें
हो गए हैं कैसे उसकी बू[12] से अबतर-हाल[13] देव
बन गए हैं मोम की तिम्साल[14] देव!

...हाँ उतर आएगा आदम-ज़ाद इन शाख़ों से रात
हौसले देवों के मात!

1. मनुष्य का स्वभाव; 2. अचानक; 3. राक्षस, दैत्य; 4. पाँव की ज़ंजीर; 5. चरागाह, वह जगह जहाँ अधिकता से हरी घास लगी हो; 6. बिना डर और दुख के; 7. नाचता हुआ; 8. असंवेदनशील; 9. युद्ध का अध्याय; 10. महीने और वर्ष; 11. बिखरा हुआ; 12. गंध; 13. तितर-बितर; 14. प्रतिबिम्ब

हमातन[1] निशाते-विसाल[2] हम

हमें याद है वो दरख़्त जिससे चले हैं हम
कि उसी की सिम्त (अज़ल[3] की कोरी-ए-चश्म[4] से)
कई बार लौट गए हैं हम
(मैं वो हाफ़िज़ा[5] जिसे याद मुब्दा-ओ-मुंतहा[6]
जिसे याद मंज़िलो-आशियाँ[7])
उसी इक दरख़्त के आशियाँ में रहे हैं हम
उसी आशियाँ की तलाश में
हैं तमाम शौक़, तमाम हू
उसी एक वा'दा-ए-शब[8] की सू[9]
हैं तमाम काविशे-आरज़ू[10]!

ये ख़लाए-वक़्त[11] कि जिसमें एक सवाल हम
कोई चीज़ हम, न मिसाल हम
जिसे नोके-ख़ार[12] से छेद दें
वही एक नुक़्ता-ए-ख़ाल[13] हम
(मैं वो हादसा, जो हज़ार हादसों की तरह
हो असीरे-हल्क़ा-ए-दामे-जाँ[14]

---

1. पूरी तल्लीनता के साथ, सर से पाँव तक; 2. मिलन का आनन्द; 3. अनादि; 4. अन्धं आँखें; 5. स्मृति; 6. आदि और अन्त; 7. गंतव्य और निवास; 8. रात का वचन; 9. दिशा; 10. इच्छा प्राप्ति की कोशिश; 11. समय की रिक्तता; 12. काँटे की नोक; 13. तिल; 14. साँसों के जाल से लिपटा हुआ क़ैदी

जो असीर हो, मगर और ऐसे ही हादसों
की तरह हमेशा रवाँ-दवाँ
उसी एक वा'दा-ए-शब की सू!
मेरी एक जुंबिशे-चश्म[1] तक
कई हादसात[2] का सिलसिला
नहीं जिनमें लम्हे का फ़ासला
हों असीर जिसमें ये हादसे, मैं वो हाफ़िज़ा)
हमातन निशाते-विसाल हम
मगर आशियाँ के बग़ैर वहमो-ख़याल[3] हम
हैं रवाँ कि मिल के ज़बाँ बनें
कोई दास्ताँ, कोई नग़मा, कोई बयाँ बनें
है मगर ये ख़तरा-ए-पै-ब-पै[4] कि ये जुस्तुजू-ए-अज़ीम[5] भी
न कहीं हो राज़े-तलाशे-मंज़िले-जुस्तुजू[6],
कि ये जानते हैं नहीं हैं अपना मआल[7] हम
कभी मू-क़लम[8], कभी पर्दा हम,
कभी ख़त[9] हैं और कभी ख़ाल[10] हम
नहीं नक़्शगर[11], नहीं नक़्शगर का कमाल हम!

---

1. आँखों की हरकत; 2. दुर्घटनाएँ; 3. भ्रम और विचार; 4. क़दम-क़दम पर ख़तरा; 5. महान खोज; 6. खोजे जा रहे गन्तव्य का रहस्य; 7. अन्त, निष्कर्ष; 8. लेखनी की नोक; 9. लकीर; 10. बिन्दु; 11. चित्रकार

मुस्कुराहटें

मुस्कुराहटें हैं वो करम कि जिसका रेशा
उस्तुवारे-अज़ल[1] में है
अबद[2] भी जिसके एक-एक पल में है
कभी हैं सह्वे-गुफ़्तुगू[3]
कभी इशारा-ए-ख़िरद[4], कभी शरारा-ए-जुनूँ[5]
कभी हैं राज़े-अंदरूँ[6]
वो मुस्कुराहटें भी हैं कि पारा-हाए-नाँ[7] बनें
वो मुस्कुराहटें भी हैं कि बर्गे-ज़र-फ़िशाँ[8] बनें
कबूद[9] रंग, ज़र्द रंग, नीलगूँ[10]
कभी हैं पेशावर का इल्तिहाबे-ख़ूँ[11]
कभी है रस, कभी है मय
कभी हैं कारगर का रंगे-ख़य[12]
कभी है संगे-रह[13]
कभी है राह का निशाँ
कभी हैं पुश्ते-पा[14] पे चोर बनके गामज़न[15]
कभी फ़रेबे-जुस्तुजू[16]
कभी यही फ़िराके-लब[17], कभी यही विसाले-जाँ[18]
मगर हमेशा से वही करम
कि जिसका रेशा उस्तुवारे-अज़ल में है !

---

1. वह जो अनादि-काल से स्थायी है; 2. अनन्त काल; 3. बातचीत में निपुण; 4. बुद्धि का संकेत; 5. पागलपन की चिनगारी; 6. आत्मा के रहस्य; 7. रोटी के टुकड़े; 8. चमकदार पत्ते; 9. हल्का नीला रंग; 10. आसमानी; 11. गर्म स्वभाव; 12. मटमैला रंग; 13. राह का पत्थर; 14. तलवे का ऊपरी भाग; 15. चलते हुए; 16. खोज के छलावे; 17. होंठों से दूरी; 18. जान का मिलन

तसल्सुल[1] के सहरा[2] में

तसल्सुल के सहरा में रेगो-हवा[3], पाँव की चाप
सिम्तो-सदा[4]
तग़य्युर[5] का तन्हा निशाँ!
तसल्सुल के सहराए-जाँ-सोख़्ता[6] में
सदाएँ बदलते महो-साल[7]
हवाएँ गुज़रते ख़दो-ख़ाल[8]
तन्हा निशाने-फ़िराक़ो-विसाल[9]

तसल्सुल के सहरा में
इक रेत टीले की आहिस्ता-आहिस्ता रेज़िश[10]
किसी घास के ना-मुकम्मल[11] जज़ीरे[12] में इक जाँ-बलब[13]
ताइरे-शब[14] की लर्ज़िश[15]
किसी राह भटके अरब की सहरगाह[16] हम्दो-सना[17]
तसल्सुल के बे-ए'तना[18] रात-दिन में तग़य्युर का
तन्हा निशाँ...मुहब्बत का तन्हा निशाँ!

सबा[19] हो कि सर-सर कि बादे-नसीम[20]
दरख़्तों की ज़ूलीदा[21] ज़ुल्फ़ों में बाज़ी-कुनाँ[22]

---

1. तारतम्यता; 2. रेगिस्तान; 3. रेत और हवा; 4. दिशा और पुकार; 5. परिवर्तन; 6. प्राण जला देने वाला मरुस्थल; 7. महीने और वर्ष; 8. स्वरूप; 9. मिलन और विरह के निशान; 10. फैलाव, बहाव; 11. अपूर्ण; 12. टापू, द्वीप; 13. प्राण निकलना; 14. रात का पक्षी; 15. कम्पन; 16. प्रात:काल; 17. ईश्वर की स्तुति और प्रशंसा; 18. बेपरवाह; 19. सुब्ह की हवा; 20. शीतल, मन्द और सुगन्धित हवा; 21. बिखरा हुआ; 22. करतब करता हुआ

और ज़र्रे के तपते हुए सुर्ख़ होंठों
से बोसा-रुबा[1]
जब गुज़रती है, बेदार होते हैं इसकी सदा
से बदलते हुए हादसों के नये सिलसिले
नये हादसे जिनके दम से तसल्सुल का रूया-यक़ी
नये हादसे जिनके लुत्फ़-ओ-करम[2] की निहायत नहीं!
तसल्सुल के सहरा में मेरा गुज़र कल हुआ
तो यादें निगाहों के आगे गुज़रते हुए रहगुज़र बन गईं;
पहाड़ों पे पानी के बारीक धारे
फ़राज़ों[3] से उतरे, बहुत दूर तक दश्तो-दर[4]
में मचलते रहे, फिर समन्दर की जानिब बढ़े
और तूफ़ाँ बने,
उनकी तारीक[5] रातें सहर[6] बन गईं!
अज़ल[7] के दरख़्तों में सेबों के रसिया
हमारे जहाँ-दीदा-आबा[8]
दरख़्तों से उतरे, बहुत दूर तक दश्तो-दर
में भटकते रहे, फिर वो शहरों की जानिब बढ़े
और इन्साँ बने, हर तरफ़ नूर-बाराँ[9] बने
वो सिम्तो-सदा जो सफ़र
का निशाँ थीं
वही मुन्तहाए-सफ़र[10] बन गईं!
तसल्सुल के सहरा में रेगो-हवा, पाँव की चाप
सिम्तो-सदा
तसल्सुल का राज़े-निहाँ[11], तग़य्युर का तन्हा निशाँ
मुहब्बत का तन्हा निशाँ

---

1. चूमकर उड़नेवाला; 2. अनुग्रह और कृपा; 3. शिखर; 4. आबादी और वीराने; 5. अँधेरी; 6. सुबह; 7. अनादि; 8. अनुभवी आँखों वाले पूर्वज; 9. प्रकाश की वर्षा; 10. पराकाष्ठा, अन्तिम सीमा; 11. छुपे हुए रहस्य

इस पेड़ पे है बूम[1] का साया

इस पेड़ पे है बूम का साया
इस पेड़ का फैलाव ज़मानों में भी है, आज में भी
इसकी जड़ें हैं
सदियों से यहाँ लोग हर एक सिम्त[2] से आते भी
बिछड़ते भी रहे हैं
बरगद के तले क़ब्र पे (क्या जानिए क्या दफ़्न है!)
नज़रानों के अम्बार लगे हैं,
ख़्वाबीदा[3] है इस पेड़ के नीचे कोई मज्ज़ूबे-बरहना[4]
और पेड़ पे है बूम का साया!
ऐ क़ब्र पे बरगद के तले सोए हुए शख़्स
तहमद[5] तेरा रानों से बहुत ऊँचा उठा है
इस राह से तारीख़[6] अभी गुज़री है 'हाफ़िज़' की ग़ज़ल गाती हुई
सूखे हुए आ'ज़ा[7] पे तेरे हँसती हुई
अब जिनको तनासुल[8] से कोई काम नहीं है!

ऐ क़ब्र पे सोए हुए मज्ज़ूब[9] तेरी नींद में
सहराओं[10] की बू-बास[11]
आती है तेरी साँस से उस फ़क़्र[12] की आवाज़ कि है ज़ेरो-बमे-मर्ग[13]
वो मर्ग कि है शर्म की तम्सील[14]

1. उल्लू; 2. दिशा; 3. सपने देखता हुआ; 4. नग्न पागल; 5. लुंगी; 6. इतिहास; 7. अंग; 8. लिंग; 9. पागल; 10. रेगिस्तानों; 11. गंध; 12. दरिद्रता; 13. मृत्यु के स्वरों का उतार-चढ़ाव; 14. उदाहरण

अफ़सोस के दरवाज़े पर इक इश्क़े-सियह-रोज़[1]
के मानिन्द पड़ा है

लो शख़्स ने फिर नींद की दलदल में से झाँका
तहमद भी सँभाला
इक ना'रा लगाया
'हाफ़िज़' की ग़ज़ल जिसकी सदा गहरे कुएँ में से उठी थी
इस शख़्स ने फिर उसको पुकारा
फिर सिलसिला-ए-ख़्वाब[2] जहाँ टूटा था दोबारा मिलाया
और नाफ़[3] के पुर-पेच[4] मसाइल[5] में हुआ गुम

हाँ नाफ़ में (या नाफ़ के पाताल में) शायद
तुझको नज़र आ जाए कभी शहर के आलाम[6] का रा'शा[7]
इस शहर में अब देखने को आँख, न जीने के लिए हाथ
न रोने के लिए दिल!
कुछ लोगों ने जो क़हत[8] के मलबे पे खड़े देखते थे
इक गीत, मुहब्बत का नया गीत सर-आग़ाज़ किया है
बरगद की तरफ़ आओ, ज़रा हाथ बढ़ाओ
गाते हुए लोगो
ऐ शहर के पाकीज़ा-तरीनो[9]
नग़मे की हलावत[10] से वो अफ़्सूँ[11] जो किसी ख़ौफ़ ने
बरगद पे लपेटा है उतारो
और ख़ौफ़ को चुपचाप निकल जाने दो माज़ी के किनारे
(इस ख़ौफ़ की हर लहर में 'हाफ़िज़' की ग़ज़ल है!)
क्या चीज़ हैं बरगद के परिन्दे
(क्या इनकी हम-आग़ोशी[12] का ग़ुल[13] तुमने सुना है?

1. बुरे दिनों का प्रेम; 2. सपनों का सिलसिला; 3. नाभि; 4. पेंचदार; 5. समस्याएँ; 6. मुसीबतें, मुश्किलें; 7. शरीर के अंगों के काँपने का रोग; 8. अकाल; 9. पवित्र; 10. माधुर्य; 11. इन्द्रजाल, जादू; 12. आलिंगनबद्ध; 13. शोर

हर घर का कुँवा उनकी इनायात से पुर[1] है
और उनकी हवस-नाक[2] निगाहों ने
जवानी के कई हार चुराए!)
गाते रहो लोगो!
गाते रहो ये गीत कि टूटेगी हिजाबात[3] की वो मुहर[4]
जो साँसों पे लगी है
इस गीत से फिर अपनी जवाँ औरतों के
सीनों पे महताब[5] खिलेंगे
और फूलों के इल्हाम[6] से
धुल जाएँगे फिर सहन[7] हमारे!

---

1. परिपूर्ण; 2. लालच भरा; 3. परदे; 4. मुद्रिका; 5. चन्द्रमा; 6. ईश्वरीय ज्ञान या प्रेरणा; 7. आँगन

मरियल गधे

तलाश-कुहना[1], गुरुसना-पैकर[2]
बरहना[3], आवारा रहगुज़ारों[4] में फिरनेवाली
तलाश-मरियल गधे की मानिन्द
किस दरीचे[5] से आ लगी है?
ग़मों के बर्फ़ान[6] में भटककर
तलाश ज़ख़्मी है
रात के दिल पर उसकी दस्तक
बहुत ही बेजान पड़ रही है
(गधे बहुत हैं कि जिनकी आँखों
में बर्फ़-गाले[7] लरज़[8] रहे हैं)
हवा के हाथों में ताज़ियाना[9]
तमाम इश्क़ों को रास्ते से
(तलाश की भी)
भगा रही है
(तलाश को इश्क़ कह रही है!)

ये रात ऐसी है
हर्फ़[10] जिसमें लबों से निकलें
तो बर्फ़ बनकर,

---

1. प्राचीन, पुराना; 2. सिसकियाँ लेता हुआ शरीर; 3. नग्न; 4. रास्तों; 5. खिड़कियाँ; 6. बर्फ़ीला उजाड़; 7. बर्फ़ की फलियाँ; 8. काँपना; 9. कोड़ा; 10. अक्षर

वो बर्फ़-पारे[1] कि जिनके अन्दर
हज़ार पथराई, हिज्र[2] रातें,
हज़ार पथराई हिज्र रातों के बिखरे पिंजर
—दबे हुए हों

तलाश क्या कह रही है?
(देखो, मेरी कहानी में रात के तीन बज चुके हैं
अगर मैं बे-वज़्न[3] हो चुकी हूँ...
अगर मैं मरियल गधा हूँ
मुझको मुआफ़ कर दो...)
तलाश ही वो अज़ल[4] से बूढ़ा गधा नहीं है
धकेलकर जिसको बर्फ़-गाले
घरों के दीवारो-दर के नीचे
लिटा रहे हैं...

गधे बहुत हैं जहाँ में; (माज़ी[5] से आनेवाले
जहाज़ का इन्तिज़ार मस्लन[6]...)
(और ऐसे मस्लन में साये साकिन[7]!)
ये इज्तिमाई[8] हिकायतें[9], इय्यतें, कशाकश,
ये दाढ़ियों का, ये गेसुओं[10] का हुजूम मस्लन...
ये उल्लुओं की, गधों की इफ़्फ़त[11] पे नुक्ता-चीनी[12]...
ये बेसुरे राग नाक़िदों[13] के...
ये बे-यक़ीनी...
ये नंगी रानें[14], ये इश्क़-बाज़ी की धूम मस्लन...
तमाम मरियल गधे हैं...
(मरियल गधे नहीं क्या?)

---

1. बर्फ़ के टुकड़े; 2. विरह; 3. जिसमें वज़्न न हो; 4. अनादि-काल; 5. भूतकाल; 6. उदाहरण के तौर पर; 7. ठहरा हुआ; 8. सामूहिक; 9. कथा, कहानी; 10. बालों; 11. सतीत्व, शिष्टता; 12. आलोचना; 13. आलोचक; 14. जंघाएँ

दरीचा[1] खोलो
कि बर्फ़ की लय
नये तवाना[2] गधों की आवाज़
साथ लाए
तुम्हारी रूहों के चीथड़ों को सफ़ेद कर दे!

---

1. खिड़की; 2. बलवान

नया आदमी

नवा[1] और साज़े-तरब[2]...
ये साज़े-तरब में नवाए-तमन्ना[3]
नवाए-तमन्ना पे कूचे[4] के लड़कों के पत्थर
ये पत्थर की बारिश पे साज़े-तरब का सुरूर
नई आग, दिल
दिले-नातवाँ[5] की नई आग सब का सुरूर
नई आग सबसे मुक़द्दस[6] हमें
हम इस आग को किसकी आँखों के मा'बद[7]
पे जाकर चढ़ाएँ?
नई आग के किसको मा'नी सुझाएँ?
नई आग हर चश्मो-लब[8] का सुरूर
नई आग सबका सुरूर

रिवायत[9], जनाज़ा
ख़ुदा अपने सूरज की छतरी के नीचे खड़ा
तार करता हुआ
जनाज़े के हमराह चलते हुए
घर के बेकार लोगों का शोरो-शग़ब[10]
रियाकार[11] लोगों को शोरो-शग़ब का सुरूर

---

1. ध्वनि; 2. सारंगी; 3. इच्छाओं की ध्वनि; 4. गली; 5. लाचार दिल; 6. पवित्र; 7. उपासना-गृह; 8. आँख और होंठ; 9. परम्परा; 10. चीख़-पुकार; 11. पाखंडी, आडम्बरी

नये आदमी का नुज़ूल[1]
और उस पर ग़ज़ब का सुरूर
नये आदमी की इस आमद[2] से पहले
महीनों के भूके कई भेड़ियों की फ़ुग़ाँ[3]
(ज़माने की बारिश में भीगे हुए भेड़िये!)
नये लफ़्ज़ो-मा'नी की बढ़ती हुई यकदिली[4]
और उस पर पुराने-नये भेड़ियों की फ़ुग़ाँ
फ़ुग़ाँ का ग़ज़ब और ग़ज़ब का सुरूर

नये आदमी का अदब[5]
अदब और नया आदमी
नये आदमी को तलब[6] का सुरूर
नये आदमी के गुमाँ भी यक़ीं
गुमाँ जिनका पायाँ[7] नहीं...
गुमानों में दानिश[8]
बरहना[9] दरख़्तों में बादे-नसीम[10]
बरहना दरख़्तों के दिल चीरती...
नये आदमी का अदब
और नये आदमी को अदब का सुरूर

---

1. अवतरण होना; 2. आगमन; 3. चीख़, पुकार; 4. सहमत होना; 5. शिष्टता; 6. तीव्र इच्छा; 7. पूर्णता; 8. बुद्धिमान; 9. नग्न; 10. सुब्ह की हवा

इत्तिफ़ाक़ात[1]

आज, इस साअत-ए-दुज़दीदा-ओ-नायाब[2] में भी,
जिस्म है ख़्वाब से लज़्ज़त-कशे-ख़म्याज़ा[3] तिरा
तेरे मिज़्गाँ[4] के तले नींद की शबनम का नुज़ूल[5]
जिससे ढल जाने को है ग़ाज़ा[6] तिरा

ज़िन्दगी तेरे लिए रस भरे ख़्वाबों का हुजूम
ज़िन्दगी मेरे लिए काविशे-बेदारी[7] है :
इत्तिफ़ाक़ात को देख
इस हसीं रात को देख
तोड़ दे वहम के जाल
छोड़ दे अपने शबिस्तानों[8] को जाने का ख़याल,
ख़ौफ़-ए-मौहूम[9] तिरी रूह पे क्या तारी है!

इतना बे-सर्फ़ा[10] नहीं तेरा जमाल
इस जुनूँ-ख़ेज़[11] हसीं रात को देख!
आज, इस साअत-ए-दुज़दीदा-ओ-नायाब में भी,
तिश्नगी[12] रूह की आसूदा[13] न हो

---

1. संयोग; 2. गुप्त और दुर्लभ समय; 3. जम्हाई लेने या खींचने से प्राप्त आनन्द; 4. पलकें; 5. प्रकट होना; 6. सुगन्धित पाउडर जो सुन्दरता के लिए चेहरे पर लगाया जाता है; 7. जागने की कोशिश; 8. शयन-कक्ष; 9. काल्पनिक डर; 10 .निरर्थक; 11. उन्मादी; 12. प्यास; 13. सन्तुष्ट

जब तिरा जिस्म जवानी में है नीसाने-बहार[1]
रंगो-निकहत[2] का फ़िशार[3]!
फूल हैं, घास है, अश्जार[4] हैं, दीवारें हैं
और कुछ साये कि हैं मुख़्तसरो-तीरा-ओ-तार[5],
तुझको क्या इससे ग़रज़ है कि ख़ुदा है कि नहीं?

देख पत्तों में लरज़ती हुई किरनों का नफ़ूज़[6]
सरसराती हुई बढ़ती है रगों में जैसे
अव्वलीं[7] बादा-गुसारी[8] में नई तुंद[9] शराब
तुझको क्या इससे ग़रज़ है कि ख़ुदा है कि नहीं

कहकशाँ[10] अपनी तमन्नाओं का है राह-गुज़ार[11]
काश इस राह पे मिलकर कभी पर्वाज़[12] करें
इक नई ज़ीस्त[13] का दर[14] बाज़[15] करें!

आसमाँ दूर है लेकिन ये ज़मीं है नज़दीक
आ इसी ख़ाक को हम जल्वागहे-राज़[16] करें!
रूहें मिल सकती नहीं हैं तो ये लब ही मिल जाएँ,
आ इसी लज़्ज़ते-जावेद[17] का आग़ाज़ करें!

सुब्ह जब बाग़ में रस लेने को ज़ंबूर[18] आए
उसके बोसे से हों मदहोश समन और गुलाब
शबनमी घास पे दो पैकरे-यख़बस्ता[19] मिलें,
और ख़ुदा है तो पशेमाँ[20] हो जाए!

---

1. बहार का निशान; 2. रंग और ख़ुशबू; 3. निचोड़ना, भींचना; 4. पेड़; 5. घोर अँधियारे का लघु; 6. अन्दर घुसना; 7. पहला; 8. शराब पीना; 9. तीव्र; 10. आकाशगंगा; 11. रास्ता; 12. उड़ान; 13. जीवन; 14. द्वार; 15. खुला; 16. रहस्य का मायाजाल; 17. स्थायी आनन्द; 18. भँवरा; 19. ठंडे बदन; 20. शर्मिन्दा